westermann

Katja Krüger-Stolp

Herausgeber: Wassilios E. Fthenakis

Essen mit Spaß und Freude

1. Auflage

Bestellnummer 12763

Die in diesem Produkt gemachten Angaben zu Unternehmen (Namen, Internet- und E-Mail-Adressen, Handelsregistereintragungen, Bankverbindungen, Steuer-, Telefon- und Faxnummern und alle weiteren Angaben) sind i. d. R. fiktiv, d. h., sie stehen in keinem Zusammenhang mit einem real existierenden Unternehmen in der dargestellten oder einer ähnlichen Form. Dies gilt auch für alle Kunden, Lieferanten und sonstigen Geschäftspartner der Unternehmen wie z. B. Kreditinstitute, Versicherungsunternehmen und andere Dienstleistungsunternehmen. Ausschließlich zum Zwecke der Authentizität werden die Namen real existierender Unternehmen und z. B. im Fall von Kreditinstituten auch deren IBANs und BICs verwendet.

westermann GRUPPE

Druck und Bindung: Westermann Druck GmbH, Georg-Westermann-Allee 66, 38104 Braunschweig

ISBN 978-3-427-**12763**-5

INHALT

INHALT

INHALT

VORWORT

Neben der Familie sind Kindertagesstätten der Ort, an dem ein Großteil unserer Kinder viel Zeit verbringt. Hier sammeln sie die meisten Erfahrungen, lernen und entwickeln Alltagskompetenzen, prägen Verhaltensweisen aus. In der Kindheit manifestieren sich auch Geschmacksvorlieben und Ernährungsmuster. Der Kindergarten ist also ein idealer Ort , um Einfluss auf das Ernährungsverhalten zu nehmen – und auch der Zeitraum, den Kinder dort verbringen, ist hierfür günstig.

Mit einer vor allem früh beginnenden Ernährungserziehung und -bildung kann gesundheitsrelevantes Verhalten gefördert werden. Das schafft die Voraussetzungen für eine gesunde Entwicklung, begründet tägliches Wohlbefinden und Leistungsfähigkeit und unterstützt eine lebenslange Gesundheit.
Sie selbst als diejenigen, die Kinder in ihrer Entwicklung begleiten möchten, stellt dies vor eine große Verantwortung. Andererseits bietet sich Ihnen aber auch die Möglichkeit, all Ihr pädagogisches Geschick und Repertoire zu nutzen, um Kindern spielerisch eine gesunde Ernährung und all die Fähigkeiten und Fertigkeiten rund ums Essen und Trinken zu vermitteln. Eine wundervolle Aufgabe. Dafür gibt Ihnen dieses Heft ein gutes Grundwissen zum Thema Ernährung und Ideen zur praktischen Umsetzung in die Hand.

Als Autorin dieses Heftes wünsche ich mir, dass das Thema Ernährung einen größeren Stellenwert in der Erziehungspraxis erhält. Hierbei möchte ich Sie unterstützen. Es gibt sehr viele Informationen und Wegweiser für eine gesunde Ernährung. Insbesondere das Bundeszentrum für Ernährung – das „Kommunikations- und Kompetenzzentrum für Ernährung in Deutschland“ mit dem „Nationalen Qualitätszentrum für Ernährung in

VORWORT

Kita und Schule“ sowie dem Netzwerk „Gesund ins Leben“ – stellen zahlreiche wissenschaftlich fundierte und praxisnahe Informationen, Handlungsempfehlungen und Materialien zum Thema Ernährung zur Verfügung. Dasselbe gilt für die Verbraucherzentralen und die Deutsche Gesellschaft für Ernährung (DGE) sowie viele weitere Institutionen.

Dieses Heft innerhalb der Praxisreihe „Kompetent erziehen“ möchte die wichtigsten Informationen kompakt und praxisnah für Ihren Kitaalltag zusammenfassen. Es soll Ihnen in Ihrer täglichen Praxis zum schnellen Nachschlagen dienen. Weiterführende Literaturhinweise und Informationsportale finden Sie am Ende des Heftes.

Ein Dank an dieser Stelle für die realistischen Fallbeispiele, erarbeitet von Maria Zimmer, staatlich anerkannte Kindheitspädagogin (MA) und Teamleiterin des SCHKOLA Kindergartens „Zwergenhäus’l“ in Lückendorf in der Oberlausitz.

Die Autorin wünscht Ihnen viel Freude beim Aneignen und Umsetzen der Inhalte.

Katja Krüger-Stolp

Zittau, Oktober 2020

DIE AUTORIN

Katja Krüger-Stolp (Jahrgang 1965) ist Diätassistentin-Allergologische Ernährungstherapie/VDD und seit 2006 Lernbegleiterin an der SCHKOLA ergodia – Berufsfachschule für Gesundheitsberufe (Ergotherapie und Diätassistenz) in Zittau für die Fächer Lebensmittelkunde, Ernährungslehre, Diätetik und Ernährungsberatung, Hygiene und Küchenpraxis. Seit 2017 leitet sie die SCHKOLA Praxis für Ernährungsberatung und -therapie in Zittau. Als Fachbuchautorin für den Bildungsverlag EINS hat sie Lehrbücher für unterschiedlichste Berufsgruppen zu Ernährungsthemen verfasst.

In ihrer Arbeit als Ernährungsberaterin und -therapeutin begleitet und unterstützt sie seit vielen Jahren Familien, Mitarbeiter/-innen in der Verpflegung und Pädagogen bei ihren Bemühungen um eine vielseitige und ausgewogene Ernährung von Kindern und Jugendlichen und in der Erziehung zu einem gesunden Essverhalten.

1 Rundum gesund – die wichtigsten Regeln einer gesunden Ernährung

Essen und Trinken sind Grundbedürfnisse. Essen und Trinken sind Voraussetzung für Wachstum und Entwicklung. Essen und Trinken strukturieren den Kitaalltag. Beim Essen und Trinken entwickeln Kinder künftige Verhaltensweisen und Ernährungsgewohnheiten.

Wir wissen, wie wichtig Essen und Trinken ist. Was jedoch das richtige Essen und Trinken für unsere Kinder ist, damit sie sich gesund entwickeln, darüber sind sich die Erwachsenen meist nicht einig. Und was dann in der Kitapraxis umgesetzt wird, passt zur Theorie oft nicht mehr.

Wenden wir uns also in diesem ersten Kapitel den eigentlich ganz einfachen Grundregeln einer gesunden Ernährung zu. Und diese gelten für Kinder und Erwachsene gleichermaßen!

FALLBEISPIEL

Die Pädagogin Lisa hat sich für den heutigen Morgenkreis vorgenommen, die Kinder für die Lebensmittelauswahl zu sensibilisieren. Sie möchte, dass die Kinder unterscheiden lernen, welche Lebensmittel gesund sind und welche nicht. Dazu hat sie verschiedene Produkte, wie Bananen, Quark- und Joghurterzeugnisse für Kinder, Gurken, Schokolade, Eier, Toastbrot, Fertigriegel für Kinder u. v. m. in den Morgenkreis gelegt. Die zwölf Kinder der Hasengruppe im Alter von drei bis sechs Jahren sitzen darum und kennen den Großteil der Produkte aus ihrem Alltag. Dazu hat Lisa ein rotes und ein grünes Tuch ausgebreitet. Im Morgenkreis bittet Lisa die Kinder nach und nach, die einzelnen Lebensmittel nach gesunden Lebensmitteln zu sortieren, welche auf das grüne Tuch gelegt werden sollen. Die ungesunden Lebensmittel sollen auf das rote Tuch gelegt werden. Beim Sortieren der Lebensmittel liefert Lisa den Kindern immer wieder eine Begründung, warum die einzelnen Produkte gesund oder weniger gesund sind. Als Paul sich zielstrebig einen Fertigriegel für Kinder nimmt und sagt „Das kommt auf das grüne Tuch und ist gesund. Da ist nämlich ganz viel Milch drin", erklärt die Pädagogin Lisa den Kindern, dass in einem solchen Riegel viel Zucker ist und gar nicht so viel gesunde Milch. Um es den Kindern zu verdeutlichen, baut sie ihnen so viel Zuckerwürfel auf, wie in einem solchen Riegel stecken. Das Thema gesunde und ungesunde Ernährung wird im Anschluss an den Morgenkreis im Alltag immer wieder aufgegriffen.

1.1 Was heißt nun eigentlich gesunde Ernährung?

* ***Die richtige Menge:***
  Nicht zu wenig, nicht zu viel essen: Eine gesunde Ernährung sollte den Energiebedarf des Kindes decken. Energie braucht es für die Bewegung, zum Lernen, für die richtige Körpertemperatur, für Wachstum, für die Verdauung und die Verwertung der Speisen und Getränke.
  Isst ein Kind dauerhaft zu viel und bewegt sich auch noch zu wenig, sehen wir das zuerst am Gewicht. Je früher Kinder übergewichtig sind, desto größer ist die Gefahr, dass sie auch später die überflüssigen Pfunde nicht mehr loswerden. Folgeerkrankungen treten zeitiger auf und die psychische Belastung der Kinder ist nicht zu unterschätzen.
  Isst ein Kind dauerhaft zu wenig, ist es zu leicht für seine Größe, müde, antriebslos und weist gar Entwicklungsstörungen auf, fehlt es an lebensnotwendiger Energie.

Energiebedarf von Kindern

Wie viel an Energie Kinder benötigen, hängt von vielen Faktoren ab. Den größten Einfluss hat die körperliche Aktivität. So verbraucht ein Kind z. B. beim Toben mehr Energie als ein Kind beim Malen.

In Kapitel 2 finden Sie Empfehlungen für Lebensmittelmengen. Diese Mengenempfehlungen gelten für Kinder zwischen vier und sechs Jahren. Grundlage dafür ist der durchschnittliche Energie- und Nährstoffbedarf für Kinder mit mäßiger Aktivität (Referenzwerte der DGE).

ALTER	GEWICHT	GESAMTEN-ERGIEBEDARF	GEWICHT	GESAMTENE-RGIEBEDARF
	bei Mädchen		bei Jungen	
1 bis unter 4 Jahre	13,2 kg	1100 kcal	13,9 kg	1200 kcal
4 bis unter 7 Jahre	20,1 kg	1300 kcal	20,2 kg	1400 kcal

* ***Bedarfsgerecht:***
  Für Wachstum und Entwicklung eines Kindes sind bestimmte Nährstoffe und ausreichend Flüssigkeit wichtig. In einem richtigen Verhältnis benötigt es die Nährstoffe, die Energie liefern, also Kohlenhydrate, Fette und Eiweiß. Darüber hinaus funktioniert und entwickelt sich der kleine Körper nicht ohne Vitamine, Mineralstoffe, Ballaststoffe und sekundäre Pflanzenstoffe. Wir nennen sie deshalb auch Wirkstoffe.

* ***Ausgewogen:***
  Damit der kleine, sich entwickelnde Mensch angemessen mit Nahrungsenergie und Nährstoffen versorgt wird, braucht es eine bestimmte Menge an Lebensmitteln, von denen einige bevorzugt werden sollten. Idealerweise sind drei Viertel der Lebensmittel, die auf dem täglichen Speiseplan stehen, pflanzlich. Hier stecken viele der sogenannten Wirkstoffe drin und mäßig Kalorien, also Energie. Kinder können davon viel essen. Ergänzt wird die Auswahl durch tierische Produkte, z. B. Milch, Joghurt, Geflügelfleisch. Ausgewogen heißt natürlich auch: genügend trinken.
  In welcher Menge und Qualität es verschiedene Lebensmittel braucht, um den Nährstoffbedarf eines Kindes zu decken, wird in Kapitel 2 ausführlich beleuchtet.

* ***Abwechslungsreich:***
  Auch beim Essen und Trinken gilt „Was Hänschen nicht lernt, lernt Hans nimmermehr“. Umso mehr Lebensmittel Kinder kennenlernen und je mehr Varianten sie davon kosten, desto einfacher wird es jetzt und später sein, Lebensmittelvielfalt zu nutzen, zu genießen und eine gesunde Auswahl zu treffen. Mit einem vielfältigen

Lebensmittelangebot decken wir unseren Bedarf an den unterschiedlichen Nährstoffen. Und die gemeinsamen Mahlzeiten sind unkomplizierter: keine Extrawürste, keine Quengelei am Tisch, Spaß und Genuss beim Essen.

1.2 Grundregeln einer gesunden Lebensmittelauswahl

Fassen wir die Grundregeln einer gesunden Lebensmittelauswahl zusammen, ehe im nächsten Kapitel Qualität und Mengen näher beschrieben werden. Diese Grundregeln gelten für Erwachsene ebenso. Seien Sie den Kindern ein Vorbild.

MERKSÄTZE: REGELN FÜR EINE GESUNDE ERNÄHRUNG

- **Die Vielfalt an Lebensmitteln nutzen und abwechslungsreich essen, dabei etwa drei Viertel pflanzliche Nahrungsmittel wählen.**
- **Zu jedem Tag gehört eine ausreichende Menge an möglichst ungesüßten Getränken.**
- **Reichlich frisches Obst und Gemüse, mindestens 3 Portionen Gemüse und 2 Portionen Obst am Tag.**
- **Ebenso reichlich Kartoffeln, Reis, Nudeln und Getreide(-produkte), hierbei die Varianten aus dem vollen Korn bevorzugen.**

- Täglich gehören Milch und Milchprodukte auf den Tisch.
- Fleisch, Fisch, Wurst und Eier müssen nicht jeden Tag auf dem Speiseplan stehen.
- Bei der Auswahl von Fetten auf die Qualität achten, pflanzliche Öle bevorzugen und versteckte Fette in verarbeiteten Produkten meiden.
- Zucker und Salz sparsam einsetzen. Mit Zucker gesüßte Lebensmittel und Getränke meiden und den Anteil an salzreichen Lebensmitteln reduzieren.
- Speisen schonend zubereiten, mit wenig Wasser und Fett garen und dies nur so lange wie nötig. Lebensmittel nicht zu hoch erhitzen oder gar verbrennen.
- Mahlzeiten in Ruhe und mit ausreichend Zeit genießen.
- Zu einer gesunden Lebensweise gehören ausreichend Bewegung und Aktivitäten im Alltag.

SPARSAM: FETTREICHE LEBENSMITTEL UND SÜSSIGKEITEN

MÄßIG: TIERISCHE LEBENSMITTEL

REICHLICH: PFLANZLICHE LEBENSMITTEL UND GETRÄNKE

2 Lebensmittelauswahl in einer gesunden ausgewogenen Mischkost

Sie haben im ersten Kapitel die allgemeinen Empfehlungen für eine gesunde Ernährung kennengelernt. In diesem Kapitel erfahren Sie alles zu den täglichen Lebensmittelmengen, einschließlich Tipps und Hinweisen zur qualitativen Auswahl.

Die Mengenempfehlungen orientieren sich beispielhaft am durchschnittlichen Energiebedarf von Kindern zwischen vier bis sechs Jahren (siehe Tabelle Kapitel 1.1, Seite 12).

Zur bildhaften Unterstützung wird die Ernährungspyramide des Bundeszentrums für Ernährung (BZfE) verwendet.

FALLBEISPIEL

In der Kindertagesstätte „Knirpshausen" wird den Kindern täglich eine vielseitige Getränkeauswahl geboten. Es gibt frisch gekochten ungesüßten Tee, Mineralwasser, Kuhmilch und Hafer-Drink. Trotz des vielfältigen Angebots fällt den Erzieherinnen auf, dass die zweijährige Melissa so gut wie nie zu den regelmäßigen Ess- und Trinkzeiten ihren Becher leertrinkt. Die Kinder dürfen selbstständig wählen, was sie trinken möchten, und sich, wenn möglich, selbstständig eingießen. Obwohl Melissa sich ihr Wunschgetränk allein und portioniert eingießt, gelingt es ihr in den seltensten Fällen, den nur viertelvollen Becher auszutrinken. Alle Motivationsversuche scheiterten bisher. Sie nimmt dadurch in der Betreuungszeit nicht die empfohlene Trinkmenge zu sich, was die pädagogischen Fachkräfte besorgt.

2.1 Die Ernährungspyramide – eine Hilfestellung für den Alltag

Eine praktische Alltagshilfe, um die Grundregeln einer ausgewogenen Ernährung und die folgenden Mengenempfehlungen zu verstehen und umzusetzen, ist die Ernährungspyramide des Bundeszentrums für Ernährung. Sie visualisiert die Lebensmittelauswahl nach Gruppen symbolisch und in Farben, auf diese Weise lässt sie sich einfach merken. Sie erleichtert die Vorstellung für Mengen ohne Waage und Messbecher. Und sie kann als spielerische Hilfe perfekt in der Ernährungserziehung eingesetzt werden.

Die Symbole = Lebensmittelgruppen

Alle Nährstoffe, die Kinder für Wachstum, Entwicklung und Aktivität benötigen, stecken in verschiedenen Lebensmitteln zu unterschiedlichen Mengen. Die wichtigsten Lebensmittel kann man entsprechend der Hauptnährstoffe, die sie liefern, in sieben Gruppen einteilen. Jede Gruppe findet sich in der Pyramide mit einem entsprechenden Symbol:

z. B. Wasser, Fencheltee, Hagebuttentee, Apfelsaftschorle

Mit Getränken wird der kleine und große Mensch täglich mit der notwendigen Flüssigkeit versorgt. Der Körper braucht sie z. B. als Baustoff, Lösungs- und Transportmittel für Nährstoffe, als Regulator für die Körpertemperatur. Welche Getränke zum Durstlöschen gut geeignet sind, erklären die „Bausteine" auf den nächsten Seiten.

z. B. Möhren, Gurken, Radieschen, Kürbis, Spinat

+

z. B. Äpfel, Weintrauben, Bananen, Erdbeeren

Gemüse und Obst nehmen nach den Getränken den mengenmäßigen größten Platz in der Ernährung ein. Sie liefern viele verschiedene Vitamine und Mineralstoffe. Diese sind unentbehrlich für den reibungslosen Ablauf von Stoffwechselprozessen, für ein gesundes Wachstum und ein starkes Immunsystem. Außerdem sind Obst und Gemüse reich an sekundären Pflanzenstoffen, die vor Krankheiten schützen. Mit ihrem hohen Anteil an Ballaststoffen fördert vor allem Gemüse eine geregelte Verdauung. Das süße Obst liefert zudem schnelle Energie.

z. B. Haferflocken, Brot, Nudeln, Reis, Kartoffelbrei
Getreideprodukte und Kartoffeln zählen zu den Grundnahrungsmitteln. Sie liefern in Form von Stärke notwendige Energie. Wenigstens die Hälfte der Energie, die Kinder und gesunde Erwachsene brauchen, sollte aus dieser Lebensmittelgruppe stammen. Außerdem verstecken sich hier auch Vitamine, Mineralstoffe, Ballaststoffe und pflanzliches Eiweiß.

EXKURS

***Ballaststoffe** stecken ausschließlich in pflanzlichen Produkten und hier hauptsächlich in den Randschichten. Wir nennen sie auch Pflanzenfasern, weil sie der Pflanze Halt und Struktur geben. Für den menschlichen Körper sind sie weitgehend unverdaulich, erfüllen auf ihrem Weg durch unseren Verdauungstrakt jedoch wichtige Aufgaben:*

Ballaststoffreiche Lebensmittel:

- *... regen zum gründlichen Kauen an*
- *... sättigen länger*
- *... versorgen nachhaltig mit Energie*
- *... schützen vor Heißhunger*
- *... bringen den Darm in Schwung*
- *... fördern das Immunsystem*
- *... binden Giftstoffe*

Kinder brauchen etwa 10 g pro 1000 kcal, also etwa 13 g für 4- bis -6-Jährige

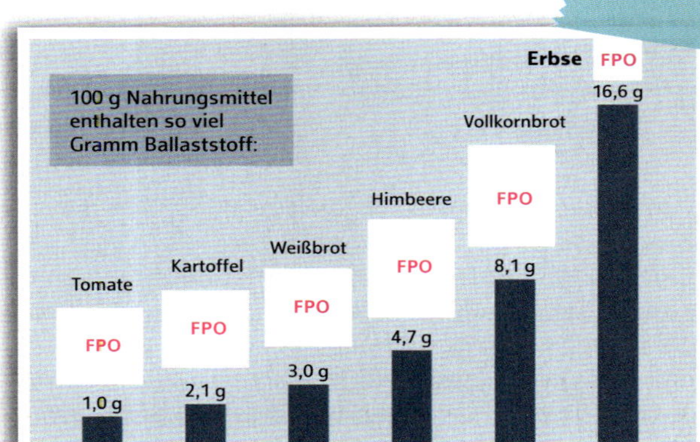

Milch und Milchprodukte
z. B. Milch, Joghurt, Käse, Quark
Milch und Milchprodukte sind ein wichtiger Lieferant von hochwertigem Eiweiß für ein gesundes Wachstum. Sie enthalten außerdem u. a. den Mineralstoff Kalzium für starke Knochen und feste Zähne.

Fleisch, Wurst, Fisch und Ei
Hinter diesem Symbol verbergen sich z. B. Hühnerkeulchen, Schweineschnitzel, Fischstäbchen oder Spiegelei.
Fleisch, Wurst und Eier sind gute Lieferanten von Eisen, wichtig u. a. für die Entwicklung des Gehirns. Die B-Vitamine im Fleisch helfen, aus Kohlenhydraten und Fett Energie zu gewinnen. Das enthaltene hochwertige Eiweiß ergänzt den Bedarf des wachsenden Kindes. Allerdings steckt oft auch viel Fett in den tierischen Produkten. Qualität und Menge sind ganz entscheidend für den gesundheitlichen Wert dieser Lebensmittel innerhalb unserer Ernährung. Eine besondere Rolle übernimmt der Fisch. Er enthält u. a. die gesunden Omega-3- und Omega-6-Fettsäuren sowie Jod, jeweils wichtig für die gesunde geistige und körperliche Entwicklung von Kindern.

Fette **und Öle**

\+

z. B. Rapsöl, Butter, Margarine, Nüsse

Streich- und Zubereitungsfette sollten einen kleinen Platz in der täglichen Ernährung einnehmen. Fehlen dürfen sie nicht. Auch sie tragen zur Energieversorgung bei, liefern fettlösliche Vitamine und bringen das gewisse Etwas in jede Mahlzeit – sie sind Geschmacksträger.

Extras
Schokolade, Kuchen, Chips, Limonade
Zu den keineswegs notwendigen Lebensmitteln gehören die Produkte, die sich hinter diesem Symbol verstecken. Sie liefern zu viel Zucker, Salz und Fett. Sie sind oft der Grund für ein ungesundes Gewicht und schädigen die Zähne. Verzichten möchten oder

können viele darauf nicht. Vermitteln Sie Kindern einen bewussten Umgang mit Süßem und Co. Ein Ersatz für Zuwendung und Zeit sind sie ohnehin nicht.

☐ GRÜN = HAT VORFAHRT:
ALLE ENERGIEFREIEN UND ENERGIEARMEN GETRÄNKE, GEMÜSE, OBST, BROT, KARTOFFELN, NUDELN, REIS

☐ GELB = MÄßIG, ABER REGELMÄßIG:
MILCH UND MILCHPRODUKTE, FLEISCH, WURST, FISCH UND EIER.

☐ ROT = SPARSAM GENIEßEN:
FETT, FETTE SNACKS UND ALLE SÜßEN SPEISEN SOWIE ZUCKERHALTIGEN GETRÄNKE

Die Bausteine = Portionen

Die einzelnen Bausteine der Pyramide entsprechen einer Portion. Die Anzahl der Bausteine und Portionen gilt für einen Tag. Eine Portion passt jeweils in ein oder zwei Kinderhände. Mit der Hand als Portionsmaß kann man die Mengenempfehlung leicht in die Praxis umsetzen, auch gemeinsam mit den Kindern. Die Mengen erhöhen sich mit dem Alter, die Hände wachsen mit.

Wie viel ein Kind am Tag tatsächlich isst, hängt von vielen Faktoren ab. Bewegung und Aktivität, Gesundheit und Stimmung sowie die individuellen Besonderheiten eines Kindes bestimmen den Bedarf. Und da nun nicht jeder Tag dem anderen gleicht, sind Schwankungen normal. Auch beschränken sich Kinder phasenweise mal auf weniger Mengen oder nur bestimmte Lebensmitteln. Auch das ist normal und muss nicht gleich Anlass zur Sorge sein.

Die folgenden Mengen gelten deshalb als Anhaltswerte, wichtig ist vor allem die Qualität der Lebensmittel, die wir auswählen.

Mengenempfehlungen in der Übersicht

Der Grüne Bereich: zum Durstlöschen

- ☒ 6 Portionen Getränke = 6 x 125 ml — 1 Becher in einer Kinderhand = 1 Portion

Der Grüne Bereich: zum Sattessen

- ☒ 3 Portionen Gemüse, Salat und Rohkost = ges. 230 g — 1–2 Hände voll = 1 Portion

- ☒ 2 Portionen Obst = ges. 210 g — 1–2 Hände voll = 1 Portion

- ☒ 3 Scheiben Brot, Getreide = ges. 130 g (Getreideflocken) — 1 Scheibe Brot = 1 Portion oder 2 Hände voll Getreide

- ☒ 1 Portion = 120 g Kartoffeln, Nudeln, Reis oder Getreide gekocht — 2 Hände voll = 1 Portion

Der gelbe Bereich: zum maßvollen Genuss

☒ 3 Portionen Milch und Milchprodukte = etwa 350 g pro Tag
z.B.: 200 ml Milch + 125 g Joghurt + 25 g Käse
1 Trinkbecher 1 Becher 1 Scheibe

☒ 1 Portion Fleisch/Wurst 35 g/Tag = 1 Handteller/ 1–2 Scheiben
Fisch 70 g/Woche = 1 Handteller
Ei 2 St./Woche = 1–2 Stück

Der rote Bereich: zum Genießen und Verfeinern

☒ 2 kleine Portionen Öl und Margarine oder Butter
= 2 x 10
1 Portion = 1 kleiner Esslöffel oder 2 Teelöffel

☒ 1 Portion Süßes ist erlaubt und gilt als „Extra“:
Sie passt in eine Hand!

2.2 Getränke und Trinkempfehlungen

Getränke decken den hohen Flüssigkeitsbedarf von Kindern. Sie sollen Bestandteil jeder Mahlzeit sein. Auch zwischendurch sollten Kinder jederzeit die Möglichkeit haben, etwas zu trinken. An heißen Tagen oder bei viel Bewegung darf die Trinkmenge größer werden.

Täglich 6 Portionen Getränke

etwa 125 ml pro Portin — 1 kleines Glas, das in die Kinderhand passt

Gut geeignet sind ...

- ☺ Trink- und Mineralwasser,
- ☺ ungesüßte Früchte- und Kräutertees,
- ☺ stark verdünnte Fruchtsäfte (mindestens 3 Teile Wasser auf 1 Teil Fruchtsaft).

Weniger geeignet sind ...

- 😐 unverdünnte Fruchtsäfte und Fruchtnektar, sie sind zu energiereich. Der enthaltene Fruchtzucker löst außerdem bei manchen Kindern Durchfall aus.
- 😐 Lightgetränke, sie sind mit Süßstoffen gesüßt und damit zwar energiefrei, fördern jedoch die Gewöhnung an den süßen Geschmack.

Nicht geeignet sind ...

- ☹ Fruchtsaftgetränke und Limonaden, sie liefern zu viel Zucker. Oft verursachen gerade diese ein zu hohes Gewicht bei Kindern. Der viele Zucker hinterlässt ein klebriges Gefühl im Mund und so löst das süße Getränk eher ein Durstgefühl aus, als dass es den Durst löscht.

- ☹ Koffein- und Energiedrinks, sie führen zu Unruhe und Schlafstörungen. Meist sind sie sehr süß.
- ☹ Ebenso Kaffee und schwarzer Tee sowie Eistee auf Basis von grünem und schwarzem Tee, sie enthalten Koffein bzw. Tein.
- ☹ Milch und Kakao. Sie gehören in die Gruppe der energiereichen Lebensmittel und sind zum Durstlöschen nicht geeignet.
- ☹ Alkohol ist für Kinder natürlich tabu.

TRINKTIPPS

* Bieten Sie Kindern immer wieder Wasser an, vor allem, wenn sie sehr durstig sind. Sie spüren schnell, dass Wasser den Durst am besten löscht.
* Sind Kinder bereits an viele süße Getränke gewöhnt, verdünnen Sie diese immer weiter, bis die Süße nicht mehr vermisst wird. Noch ist es möglich, Gewohnheiten zu verändern.
* Zwingen Sie Kinder nicht zu den angegebenen Portionsmengen, wenn sie diese nicht auf einmal trinken mögen. Bieten Sie Getränke dann immer wieder in kleineren Portionen an.
* Kinder, die offenbar kein Durstgefühl entwickelt haben, sollten häufig ans Trinken erinnert werden.
* Strohhalme machen das Trinken interessanter und bunte Becher bieten mehr Spaß am Trinken.
* Auch phantasievolle Namen für verschiedene Tees, z. B. „Hexentee“ für Kräutertee, machen neugierig aufs Trinken.
* Peppen Sie Wasser gemeinsam mit den Kindern etwas auf, das bringt Farbe und Geschmack ins Spiel. Dazu eignen sich z. B. Früchte, Gurken, Kräuter wie Melisse und Minze.
* Geben Sie den Eltern diese Anregungen mit!

REZEPTIDEEN:

Buntes Beeren-Wasser:

5 Erdbeeren

1 Handvoll Heidelbeeren

1 Liter Mineralwasser

Die Erdbeeren kleinschneiden und in ein Gießgefäß geben. Die Blaubeeren etwas andrücken, so bekommt das Wasser zusätzlich Farbe. Wasser hinzufügen und kräftig durchrühren.

Froschwasser

1 Liter Wasser

¼ Biogurke

1 Zweig frische Minze

Die Gurke in Scheiben schneiden oder mit einem Sparschäler in dünne Streifen. Frische Minzeblätter hinzugeben und mit Wasser auffüllen. Etwas ziehen lassen.

Empfehlungen für den Kitaalltag

* Geben Sie den Kindern die Möglichkeit, sich selbst Getränke zu nehmen.
  Stellen Sie z. B. Wasserspender auf, an denen sich vor allem die größeren Kinder bedienen können.
* Legen Sie regelmäßig Trinkpausen während der Beschäftigungs- und Spielphasen ein. Gemeinsame Trinkrunden regen alle zum Trinken an.
* Bieten Sie zu jeder Mahlzeit Getränke an.
* Süße Getränke sind in der Kita tabu, empfehlenswert sind:
  - Trinkwasser aus der Leitung,
  - Mineralwasser mit und ohne Kohlensäure,
  - ungesüßte Früchte- und Kräutertees.

* Achten Sie bei den Tees auf Abwechslung und verzichten Sie auf solche mit Aromastoffen.
* Im Winter die Tees warm in Thermobehältern temperiert anbieten.
* Nutzen Sie kippsichere Trinkgefäße, die gut in der Kinderhand liegen.
* Beachten Sie hygienische Aspekte:
  - Trinkwasser aus der Leitung frisch und kalt entnehmen.
  - Hat das Wasser länger als 4 Stunden in der Leitung gestanden, z. B. nach dem Wochenende oder am Morgen, lassen Sie es 10 Minuten ablaufen bzw. so lange, bis es konstant kalt aus dem Wasserhahn fließt.
  - Tees mit sprudelnd kochendem Wasser aufgießen.
  - Standzeiten von Getränken über 4 Stunden vermeiden.
  - Kannen und Krüge mit gut verschließbaren Deckeln benutzen.
  - Trinkgefäße regelmäßig reinigen und trocknen.
  - Alle Trinkgefäße sauber und trocken über Nacht und übers Wochenende lagern, am besten mit der Öffnung nach unten oder in geschlossenen Schränken.

2.3 Gemüse und Obst

Aus der Lebensmittelgruppe Gemüse dürfen nicht nur Kinder großzügig wählen. Sie liefert kaum Fett und überflüssige Kalorien, dafür ganz viele wertvolle Inhaltsstoffe. Obst ist ebenso gesund, zwei Portionen reichen jedoch, sonst wird es zu viel Fruchtzucker.

Obst und Gemüse gibt es in farbenprächtiger Vielfalt, dies macht die Mahlzeiten bunt und abwechslungsreich. Reichlich Gemüse auf dem Teller schützt vor Übergewicht, Krankheiten vor allem des Herzens und stärkt überdies die Abwehrkraft. Frisches Obst liefert schnelle und gesunde Energie. Früchte sind ideale Snacks für zwischendurch und eine gute Alternative zu Süßigkeiten.

Die Empfehlung lautet:

Täglich 3 Portionen Gemüse, Salat und Rohkost insgesamt 230 g

1 Portion
= 1 bis 2 Kinderhände voll

1 Kinderportion Gemüse kann sein ...

* 1 Kinderhand voll Gemüse frisch und unzerkleinert, z. B. Paprika oder Tomate,
* 2 Kinderhände voll Gemüse geputzt und zerkleinert, z. B. Salat oder Stäbchen von Kohlrabi und Möhren,
* 1 kleine Dose Gemüse,
* 2 Kinderhände voll Tiefkühlgemüse wie Broccoli oder Spinat,
* 1 Kinderhand voll Hülsenfrüchte, z. B. Linsen oder Bohnen
* 1 Kinderhand voll Sauerkraut,
* 1 Glas Gemüsesaft, das in die Kinderhand passt.

Leider rümpfen Kinder bei Gemüse oft die Nase und wir Erwachsenen sind da nicht immer ein gutes Vorbild. Hier folgen ein paar Tipps, die helfen können, Obst und Gemüse für Kinder attraktiver zu machen:

Selbst ist der „kleine Mann“ und die „kleine Frau“

Kinder sind neugierig und schnell zu begeistern, vor allem, wenn sie selbst helfen und probieren dürfen. Mithilfe fördert den Bezug zum Essen und das Eigenproduzierte wird selbstverständlicher gegessen.

* Am tollsten wäre natürlich ein eigener kleiner Gemüse- und Kräutergarten in der Einrichtung. Vielleicht ist aber auch eine Kleingartenanlage in der Nähe. Viele Kleingartenvereine stellen gern einen Garten zur Verfügung und helfen bei der Anlage. Hier können die Knirpse selber werkeln, zeigen stolz die Ergebnisse und verputzen mit Wonne selbst angebaute Gartenschätze. Ganz nebenbei lernen sie dabei verschiedene Pflanzen kennen, können sie beim Wachsen beobachten und schätzen das, was auf den Teller kommt, sehr viel mehr.
* Wenn Sie die Möglichkeit haben, bereiten Sie gemeinsam mit Kindern aus gartenfrischem Gemüse Suppen, Salate und Co zu. Was selbst geschnippelt, gekocht und gebacken wird, schmeckt doppelt so gut. Lassen Sie z. B. Kinder eine bunte Gemüsepizza selber belegen, bereiten Sie dafür verschiedene Gemüsearten vor. Aus hygienischer Sicht ist der Umgang mit Gemüse übrigens wesentlich unproblematischer als mit tierischen Erzeugnissen.

So kommen wir auf den Geschmack

* Es gibt mehr als nur Tomate und Gurke. Bieten Sie die ganze Vielfalt der Gemüsearten an. Umso größer die Auswahl, desto höher die Chance, dass jedes Kind eine Sorte findet, die es mag.
* Meist mögen Kinder rohes Gemüse lieber als gekochtes. So passt es auch in die Zwischenmahlzeit und zum Frühstück. Gestiftelt, in

Scheiben geschnitten als Brotbelag, hübsch angerichtet, mit Fingern zu essen oder mit einem leckeren Dipp, so macht Gemüse essen Spaß.

* Auch auf Ausflüge kann man Gemüse, so vorbereitet, prima als Proviant mitnehmen.
* Wählen Sie Gemüse nach der Saison, dann schmeckt es besonders intensiv. Nutzen Sie für Rohkost:
  - im Frühling Möhren, Radieschen, Kohlrabi, Gurke,
  - im Sommer und Herbst Möhren, Radieschen, Paprika, Kohlrabi, Staudensellerie, Tomaten,
  - im Winter Möhren, Staudensellerie, Rot- und Weißkraut.
* Versüßen Sie Blattsalate mit etwas Obst. Zum Eisbergsalat passen z. B. Wassermelonenstücke und Gurken; Chicoréesalat lässt sich super mit Pfirsich oder Mandarinen aufpeppen.
* Einige Inhaltsstoffe sind in zubereitetem Gemüse vom Körper besser zu verwerten. Etwa die Hälfte Gemüse sollte deshalb schonend gegart angeboten werden. Gern gegessen werden gedünstete Möhrchen, Erbsen und Kohlrabi als Beilage zu Mittag. Milde Kohlarten wie Broccoli können gedämpft werden. Auch für Gemüsecremesuppen, z. B. aus Hokkaidokürbis mit seiner leuchtend orangeroten Färbung, sind Kinder gern zu haben.
* In kleineren Portionen angeboten, fühlen sich Kinder nicht überfordert. Wenn sich alle am Tisch das Gemüse teilen, wird diese Lebensmittelgruppe für viele Kinder interessanter.
* Prinzipiell kann und sollte Gemüse in jeder Mahlzeit Platz finden. Auch wenn es ein süßes Hauptgericht gibt, gehört ein Salat, Rohkost oder eine Gemüsesuppe als Vorspeise dazu.

Für ausgeprägte Gemüsemuffel wird's versteckt

* Nudelfetischisten werden ein paar Gemüsespaghetti untergejubelt: mit dem Sparschäler dünn in lange Streifen gehobeltes Gemüse.
* Geraspelt, püriert, geschnippelt lässt sich Gemüse gut in Suppen und Soßen, unter Nudeln oder in Aufläufen verstecken oder ins Kartoffelpüree mischen.
* Knusprig im Ofen gebacken, können Gemüsestäbe Pommes ersetzen oder ergänzen: Kürbis, verschiedene Wurzelgemüse wie Möhren, rote Rüben oder Pastinaken schälen, in Stäbe oder grobe Stücke schneiden und gut würzen.
* Auch gemischt mit Obst in einem Smoothie verarbeitet ist Gemüse einen Versuch wert.

REZEPTIDEE

Gemüsesticks mit bunten Dips (für 10 Kids)
Grundmasse: 150 g Naturjoghurt + 100 g Quark

Tomatendip
125 g der Grundmasse
1 EL Tomatenmark, evtl. etwas Zucker
1 Fleischtomate
Salz, Pfeffer
In einem kleinen Topf Wasser zum Kochen bringen. Die Tomate mit dem Messer einkreuzen, mit kochendem Wasser überbrühen und kalt abschrecken. Nun lässt sich die Schale einfach abziehen. Das Fleisch der Tomate fein würfeln und mit dem Mark zur Grundmasse geben und würzen.

Kräuterdip
125 g der Grundmasse
½ Bd. Schnittlauch
½ Bd. Petersilie
Schnittlauch und Petersilie waschen, trockenschütteln. Petersilie von den groben Stielen befreien. Schnittlauch und Petersilie fein wiegen und unter die Grundmasse mischen.

Zu den Dips gehören Gemüsestreifen, z. B.

5 Möhren	1 Gurke
2 gelbe Paprika	200 g Cherrytomaten

Gemüse waschen, falls nötig schälen und in Ringe und Stifte schneiden.
Phantasievoll wie auf dem Foto anrichten.

Täglich 2 Portionen Obst

zu je etwa 100 g, insgesamt 210 g
1 Portion = 1 bis 2 Kinderhände voll

1 Kinderportion Obst kann sein ...
* 1 Kinderhand voll Apfel, Birne, Banane oder Pfirsich,
* 2 Kinderhände voll Beeren oder Trauben,
* 4 Esslöffel Kompott mit wenig Zucker,

* 1 Kinderhand voll getrocknete Früchte, z. B. Apfelringe,
* 2 Kinderhände voll Tiefkühlbeeren,
* 1 Glas Fruchtsaft oder ein selbst gemachter Smoothie,
* 1 kleine Kinderhand voll Nüsse (~ 25 g).

Obst mögen Kinder meist gern. Es ist süß und saftig. Mundgerecht geschnitten, lädt es zum Zugreifen ein. Aufgrund des Gehaltes an Fruchtzucker sollten es aber täglich nicht mehr als die 2 empfohlenen Obstportionen sein.

MERKSÄTZE

- **Am besten wird Obst roh gegessen, dann ist es am intensivsten im Geschmack und behält vor allem das Vitamin C.**
- **Auch die Kaumuskulatur wird beim Verzehr von frischem Obst gefördert.**
- **Sollte ein Kind kein Obst mögen, kann man Früchte gut in Desserts, Milchmixgetränken, Kuchen und Müsli verstecken. Zusammen mit Milchprodukten verzehrt, hält Obst als kleine Zwischenmahlzeit zudem länger satt.**
- **Ab und zu darf es die Portion auch mal in flüssiger Form sein, als Saft oder Smoothie, aber Vorsicht:**
  In flüssiger Form ist der Sättigungseffekt geringer. Die Obstportion wird schnell zu groß. Zu viele Kalorien werden aufgenommen. Zudem wird beim Trinken weniger Speichel gebildet als beim Kauen. Fruchtsäure und Fruchtzucker greifen so schneller die Zähne an.

Obst in der Kita

Obst sollte täglich zum Angebot beim Frühstück, bei der Zwischenverpflegung oder zum Mittag gehören.
Nutzen Sie folgende Empfehlungen zur praktischen Umsetzung:

* Einsatz frisch oder tiefgekühlt und ohne Zuckerzusatz, z. B. Apfel, Birnen, Pflaumen, Kirschen, Bananen, Mandarinen, Erdbeeren, Heidelbeeren
* Saisonale und regionale Obstangebote nutzen – suchen Sie z. B. die Kooperation mit einem Gartenbaubetrieb oder Frischehandel
* Als Stückobst, Obstsalat oder Obstspieße zwischendurch anbieten
* Mit Milchprodukten kombiniert im Frühstück oder als Dessert in die Mittagsmahlzeit integrieren

* Gelegentlich frischgepresste Obstsäfte und selbstgemachte Smoothies zubereiten
* Fruchtmuße oder Fruchtsoßen aus durcherhitzten Tiefkühlbeeren selbst herstellen
* Fruchtjoghurts möglichst selbst mischen
* Frisches Obst als Dekoration auf grünen Salaten einsetzen

REZEPTIDEE

Obstspieße zum Dippen

Obst	250 g	Äpfel	(2 Stck.)
	250 g	Mandarinen	(3 Stck.)
	250 g	Bananen	(2 Stck.)
	250 g	Weintrauben	

für Bananen-Dip		für Kokos-Dip	
250 g	NaturJoghurt	250 g	Magerquark
1	Banane	50 ml	Milch (1,5 % Fett)
		1 x	Vanillezucker
		50 g	Kokosraspel

Die Banane pürieren und die Zutaten zum jeweiligen Dipp mischen und glattrühren. Das Obst gründlich waschen und wenn nötig schälen. Obst in Spalten, Würfel oder Scheiben schneiden. Die Obststücke aufspießen und auf einer Platte anrichten. Den Dip zum Eintauchen der Obstspieße dazureichen.

2.4 Brot, Getreide und Beilagen

Brot, Getreide, Nudeln und Kartoffeln sind die Sattmacher auf dem Teller. Sie gehören in fast jede Mahlzeit. Muskeln und Gehirn bekommen von diesen Lebensmitteln die nötige Energie. Möglichst die Hälfte der Getreideprodukte sollten aus dem vollen Korn bestehen. In den Randschichten des Getreidekornes befinden sich wichtige Mineralien und Ballaststoffe (siehe Seite 18). Beim Ausmahlen zu hellem Mehl gehen sie leider zum Teil verloren.

Täglich 3 Portionen Brot und Getreide

zu je 40 bis 45 g (gesamt 130 g) 1 Portion = 1 Scheibe Brot

TIPPS ZUR BROTAUSWAHL

* Vollkornbrot enthält mehr Nährstoffe und sättigt aufgrund des Ballaststoffgehaltes.
* Aus fein vermahlenem Mehl essen auch Kinder Vollkornbrot gern. Es sieht kaum anders aus als ein Mischbrot, lässt sich gut kauen und schmeckt herzhaft.
* Achten Sie genau auf die Kennzeichnung. Mehrkornbrot ist meist kein Vollkornbrot, sondern Mischbrot mit verschiedenen Samen und Kernen wie Sonneblumenkernen, Leinsamen, Kürbiskernen u. Ä., nährstoffreicher als ein Weißbrot ist es jedoch.
* Toast- und Sandwichbrote enthalten oft zusätzlich Fett und Zucker und sind keine gute Alternative zu Misch- und Vollkornbroten.
* Wird selbst gebacken, ist es immer eine gute Variante, herkömmliches helles Mehl mit Vollkornmehl zu mischen. Es es ist dann etwas mehr Flüssigkeit für die Teigbereitung nötig.
* Vertragen Kinder Gluten nicht, das Klebereiweiß in unseren Brotgetreiden, oder haben sie eine Weizenallergie, gibt es inzwischen viele Alternativen.
* Für Weizenallergiker können z. B. reine Roggenbrote mit Sauerteig gebacken werden.
* Für Kinder mit Glutenunverträglichkeit können Brote aus glutenfreien Mehlmischungen gebacken werden, die etwa aus Reis, Buchweizen und Mais bestehen.
* Folgen Sie bei der Lebensmittelauswahl bei Unverträglichkeiten oder Allergien den Hinweisen der Eltern.

Umgang mit Frühstücksgetreide

* Wenn Kinder eher Müsli mögen, kann eine Scheibe Brot gegen Getreideflocken ausgetauscht werden. Vollkornflocken, z. B. Haferflocken, Milch oder Joghurt und frisches Obst ist eine gute Wahl zum Frühstück.
* Andere Frühstückscerealien wie z. B. Cornflakes sollten möglichst ungezuckert eingesetzt werden.

- Frühstücksgetreide am besten aus dem vollen Korn wählen.
- Flocken und Cerealien mit Milch und Obst und ohne zusätzlichen Zucker selbst mischen.
- Nicht in die Kitaverpflegung gehören hoch verarbeitete Produkte:
  - Gezuckerte Cornflakes und andere Frühstückszerealien mit viel Zucker
  - Stark gesüßte und geröstete Müslimischungen
  - Süße Schnitten und Müsliriegel

HINWEIS

Viele dieser hoch verarbeiteten Produkte enthalten bis zu 40 % Zucker. Sind sie mit Schokolade oder Nougat gemischt, kommt noch ein hoher Fettanteil hinzu. Mit einer Portion von 50 g zum Frühstück ist dann bereits fast die gesamte Tagesration an Fett und Zucker aufgenommen. Zugefügte Vitamine und Mineralstoffe in diesen Produkten machen wenig Sinn.

Täglich 1 Portion Kartoffeln, Nudeln, Reis oder Getreide gekocht

1 Portion = 2 Kinderhände voll zu je 120 g

Als wichtige Lieferanten vor allem von Stärke, aber auch Ballaststoffen, Vitaminen und Mineralien sowie pflanzlichem Eiweiß gehören Kartoffeln, Nudeln oder Reis in jede warme Mahlzeit. Eine Portion am Tag von einem dieser Sattmacher ist die Empfehlung.

TIPPS ZUR AUSWAHL UND ZUBEREITUNG

- Auch bei Nudeln und Reis sind die Varianten aus dem vollen Korn am besten. Meist werden sie aber wegen der Farbe von Kindern nicht so gern gegessen.
- Mischen Sie sie einfach mit hellen, roten und grünen Nudeln bzw. weißem Reis oder verstecken Sie sie unter einer leckeren bunten Soße.
- Kartoffeln mit Schale als Pellkartoffeln oder Folienkartoffeln und Kräuterquark oder ein selbstgemachtes Kartoffelpüree sind vom

Nährstoffgehalt den frittierten und gebratenen Kartoffelvarianten vorzuziehen.

* Wenn es doch einmal die allseits so beliebten Pommes sein sollen, backen Sie diese im Backofen, dann sind sie weniger fettig als die frittierten.
* Fertigerzeugnisse wie z. B. Instant-Kartoffelpüree haben nicht mehr den Nährwert ihrer Ausgangsprodukte. Verwenden Sie auch in dieser Lebensmittelgruppe die Produkte frisch bzw. so wenig verarbeitet wie möglich.
* Auch Getreide wie Grünkern, Hirse oder Buchweizen können zu einer leckeren warmen Beilage verarbeitet werden.
* Kartoffelchips gehören übrigens zu den „Extras" und nicht in diese Gruppe. Sie sind extrem fettreich!

REZEPTIDEE

Grünkernbratlinge (für 10 Kids)

300 g	Grünkern geschrotet	240 g	Möhren
40 ml	Rapsöl	550 ml	Gemüsebrühe
3	Eier	75 g	Haferflocken
150 g	Kräuterfrischkäse (30 % Fett i.Tr.)		Jodsalz und Pfeffer

Möhren schälen und raspeln. Ein wenig Öl in einem Topf erhitzen, Grünkernschrot und Karottenraspel andünsten, mit Gemüsebrühe ablöschen, aufkochen und ausquellen lassen. Eier, Haferflocken und Frischkäse unter die Masse rühren und mit Salz und Pfeffer abschmecken. 20 Bratlinge formen und auf einem gefetteten Backblech bei 200 °C ca. 15–20 Minuten backen oder in der Pfanne braten.

2

2.5 Milch und Milchprodukte

Täglich 3 Portionen Milch und Milchprodukte – etwa 350 g pro Tag

1 Glas Milch (200 ml)
+ 1 Scheibe Käse (25 g)
+ 1 Becher Joghurt (125 g)

Umsetzung im Kitaalltag

Milch und Milchprodukte gehören zur Kinderernährung dazu. Ernährungsformen ohne Milchprodukte sind im Wachstumsalter nicht ratsam.

- Setzen Sie Milch mit einem Fettgehalt von 1,5 % ein. Ungeeignet ist Magermilch als Trinkmilch.
- Mischen Sie Milch mit frischem Obst oder mit Getreideflocken bzw. Müsli. So mögen Kinder Milch oft lieber als pur.
- Auch in Kartoffelbrei, Pfannkuchen, Milchreis oder im Auflauf kann eine Milchportion verpackt werden.
- Wenn Kinder Milch ganz ablehnen, können gleiche Mengen Joghurt oder Quark, Butterfruchtmilch oder nur leicht gezuckerter Kakao diese ersetzen, ohne dass eine Versorgungslücke beim Kalzium entsteht.
- Manche Kinder reagieren allergisch auf das Eiweiß in der Milch oder verdauen den Milchzucker schlecht. Folgen Sie den Hinweisen zur Lebensmittelauswahl der Erziehungsberechtigten.
- Zu den Milchprodukten gehört neben Joghurt, Quark, Frischkäse und Co die große Palette an Käse, z. B. Gouda, Tilsiter, Camembert. Prinzipiell sollten eher die fettärmeren Varianten und Produkte mit geringem Verarbeitungsgrad und wenig Zusätzen gewählt werden:
  - Naturjoghurt 1,5 bis 1,8 % Fett
  - Speisequark max. 20 % Fett
  - Käse max. Vollfettstufe < 50 % Fett i.Tr

Übrigens: Der Fettgehalt hat kaum Einfluss auf den Kalziumgehalt eines Milchproduktes.

Einsatzmöglichkeiten in Frühstück und Zwischenverpflegung:

Frischkäse mit Kräutern oder geriebenen Gemüsen gewürzt als Brotbelag, Käsebrote, Käse-Obst-Spieße, Quark- oder Buttermilch-Muffins, Joghurt-Dip zu Gemüse, Naturjoghurt mit einem Löffel Konfitüre oder frischem Obst, Selbstgemachte Milch-Mix-Getränke.

Milchprodukte in der Mittagsmahlzeit

Süße Milchgerichte und Nachspeisen mit Milch, z. B. Grießbrei, Fruchtjoghurt, Vanillesoße zur Fruchtgrütze, Salatsoßen mit Joghurt, Nudelgerichte und Auflaufsoßen mit Milch und Käse überbacken, panierte Minicamemberts.

REZEPTIDEE

12 kleine Käsekuchen-Muffins

- 1 Bio-Zitrone
- 150 g Zucker
- 750 g Magerquark
- 12 Muffinförmchen
- 4 Eier
- 1 Pck. Vanillezucker
- 1 Pck. Vanille-Puddingpulver
- Puderzucker zum Bestäuben

Ein Muffinblech mit den Papierförmchen auslegen. Zitrone waschen, die Schale fein abreiben, Saft auspressen. Eier, Zucker und Vanillezucker 5–10 Minuten schaumig aufschlagen.

Quark, Puddingpulver, Zitronensaft und -abrieb unterheben. Die Masse löffelweise in die vorbereiteten Muffinförmchen geben. Im vorgeheizten Backofen (Umluft 160 °C) 25–30 Minuten backen. 20 Minuten auskühlen lassen, damit sie sich gut aus der Form lösen, und mit Puderzucker bestäuben.

MERKSÄTZE

Nicht empfehlenswert im Kitaalltag!

- Fertige Milchdrinks: Sie sind oft sehr zuckerreich. Wählen Sie selbst zubereitete Alternativen oder mischen Sie die Milchprodukte mit fettarmer Milch. Die Kinder gewöhnen sich so gar nicht erst an die Süße.
- Auch fertige Milchdesserts aus Quark, Joghurt oder Frischkäse sind meist zu süß und zu fett. Frische Früchte sind durch Fruchtaromen ersetzt, und Zusatzstoffe sichern Farbe, Geschmack und Haltbarkeit. Auch hier gilt: Die natürlichen Produkte, nach eigenen Wünschen z. B. mit Früchten aufgepeppt, sind gesünder.
- Die zusätzlichen Mengen an Kalzium und Vitaminen, mit denen „Kindermilchprodukte" oft angepriesen werden, sind in einer gesunden gemischten Kost überflüssig.

2.6 Fisch, Fleisch, Wurst und Eier

Täglich 1 Portion Fleisch oder Wurst etwa 35 g	1 Portion = der Handteller eines Kindes
Pro Woche 1 Portion Fisch etwa 70 g	1 Portion =der Handteller eines Kindes

Pro Woche 2 Eier

Diese tierischen Produkte dürfen einen Platz im Speiseplan haben, sollten ihn aber nicht dominieren und sind auch nicht jeden Tag notwendig.

TIPPS ZUR AUSWAHL

* Geflügel ohne Haut und alle mageren Stücke vom Schlachtfleisch im Wechsel einsetzen.
* Fette Wurstsorten meiden, dazu gehören z. B. Salami, Tee- und Leberwurst.
* Auch das tägliche Wiener Würstchen in der Frühstücksbox ist kein geeigneter Snack.

Zum Vergleich

1 Scheibe (45g) Weizenmischbrot	100 kcal Energie	150 kcal Energie	1 kleines (45 g) Wiener Würstchen
	0,5 g Fett	14,5 g Fett	
	~ 20 g Kohlenhydrate in Form von Stärke	0,3 g süßer Zucker	
	3 g pflanzliches Eiweiß	4,5 g tierisches Eiweiß	

- Ab und zu darf es magere Wurst als Brotbelag sein: gekochter Schinken, Bierschinken oder Putenbrust.
- Eier können 1–2-mal pro Woche in allen Variationen angeboten werden, z. B. als Rührei zu Spinat und Kartoffeln. Nur roh sollten sie von Kindern nicht verzehrt werden!
- 1 x pro Woche sollte eine Mittagsmahlzeit mit Fisch eingebaut werden.
- Seefische, wie Kabeljau, Seelachs und Rotbarsch, enthalten viel Jod. Fettere Fische, wie Lachs oder Makrele, liefern außerdem gesunde ungesättigte Fettsäuren – sogenannte Omega-3-Fettsäuren (siehe „Exkurs Fettsäuren“ S. 40).
- Bieten Sie Fisch als Stäbchen mit Panade an oder als Ragout gedünstet mit Sauce, so wird er auch von Kindern akzeptiert.

MERKSÄTZE

Auch ganz ohne Wurst und Fleisch ist eine ausgewogene Ernährung für Kinder möglich. Wichtig sind regelmäßig Fisch, Eier, Milch und Milchprodukte. Dazu pflanzliche Produkte wie Vollkornprodukte, Hülsenfrüchte und Nüsse. In Kombination mit Vitamin C aus Gemüsen und Obst kann das in ihnen enthaltene Eisen übrigens besser vom Körper aufgenommen werden.

2.7 Fette und Öle

Täglich 2 kleine Portionen Öl und Margarine oder Butter – jede Portion zu etwa 10 g
1 Portion = 1 Esslöffel/2 Teelöffel

Pflanzliche Öle und Fette wie Raps- und Olivenöl besitzen eine günstigere Nährstoffzusammensetzung als die tierischen Vertreter. Bestreichen Sie Brote dünn mit Butter oder Margarine und setzen Sie Fett beim Kochen sparsam ein, denn zu viel Fett macht dick.

Empfehlenswert:

* Raps-, Soja-, Walnuss- und Olivenöl. Sie liefern wichtige lebensnotwendige Fettsäuren. Sie eignen sich zum Anbraten, Backen und als Salatöl.
* Als Streichfett wählen Sie naturbelassene Butter.
* Beim Einsatz von Margarinen sollte man die Hinweise auf der Verpackung genau studieren. Geeignet sind die, die reichlich ungesättigte Fettsäuren enthalten und frei von gehärteten Fetten sind.

Ungünstig:

* Fertigdressings sind stark gewürzt, enthalten viel Zucker und Zusatzstoffe.
* Mayonnaise enthält viel Salz und ist mit geschmacksgebenden Zusätzen und Verdickungsmitteln angereichert.
* Feste Pflanzenfette (Frittierfette) haben eine ungünstige Fettsäuren-Zusammensetzung und enthalten gehärtete Fette.

Auch in Tütensuppen und -soßen sowie Fertiggerichten verstecken sich viele dieser ungünstigen Fette. Außerdem sind diese Erzeugnisse häufig zu salzig, enthalten viel Zucker sowie Zusatzstoffe. Der Einheitsgeschmack dieser industriell gefertigten Produkte verdrängt zudem das natürliche Geschmacksempfinden des Kindes und prägt Ernährungsgewohnheiten, die später kaum mehr zu ändern sind.

EXKURS: FETTSÄUREN

Jedes Fett, ob tierisch oder pflanzlich, besitzt unterschiedliche Anteile dreier verschiedener Fettsäuren: gesättigte, einfach ungesättigte und mehrfach ungesättigte. In einer gesunden und ausgewogenen Ernährung benötigt der Mensch alle drei dieser Fettsäuren zu jeweils etwa einem Drittel. Das Mengenverhältnis ist entscheidend für die Qualität der Gesamtfettzufuhr.

* Tierische Fette haben einen hohen Anteil an gesättigten Fettsäuren. Da diese vor allem als Energiespeicher dienen, begünstigt zu viel davon Übergewicht. Dominieren sie in der Auswahl der Fette, erhöhen sie zudem das Risiko für Erkrankungen des Herzens.

* Einfach ungesättigte Fettsäuren sind ein wichtiger Baustoff für die Zellen und transportieren fettlösliche Vitamine. Man findet sie reichlich in Oliven- und Rapsöl, aber auch in Nüssen.
* Die mehrfach ungesättigten Ω-6- und Ω-3-Fettsäuren sind die einzigen, die der menschliche Körper nicht selbst herstellen kann, er muss sie mit der Nahrung aufnehmen, deshalb sind sie unverzichtbar. Diese Fettsäuren sind wichtig für eine gute Funktion des Herzens, der Lunge und des Immunsystems. In großen Mengen finden wir sie ebenfalls in pflanzlichen Ölen und in Fisch.
* Gehärtete Fette enthalten sogenannte Transfettsäuren, die beim Hocherhitzen und beim industriellen Prozess der Härtung flüssiger Fette entstehen. Sie sind gesundheitlich bedenklich und beeinträchtigen vor allem das Herz-Kreislauf-System.

2.8 Süßes & Co – wie gehen wir in der Kita damit um?

Kinder lieben Süßes, na und?

Fast alle Kinder lieben den süßen Geschmack, mit dieser Vorliebe kommen wir zur Welt. Wie „süß" ein Mensch wird, also ab wann er ein Lebensmittel als süß empfindet, ist ein Erfahrungswert. Wir nennen ihn die Süßschwelle. Desto höher sie ist, desto mehr Süßes mag man. Deshalb sollte man bereits bei Kindern diese Reizschwelle niedrig halten, denn:

* Zucker liefert schnelle Energie, hinterlässt aber kein großes Sättigungsgefühl, so isst man schnell zu viel zuckerhaltige Lebensmittel. Zucker, den unser Körper nicht zur Energiegewinnung benötigt, wird in Fett umgewandelt und in Form von Speckpölsterchen gespeichert.
* In vielen Süßigkeiten steckt oft zusätzlich viel Fett mit ungünstigen Fettsäuren. Zu viel macht also nicht nur dick, sondern auch noch weitere Probleme (siehe „Exkurs Fettsäuren" S. 40/41).
* Süßen Sachen und Snacks fehlen meist Vitamine, Mineralstoffe und Ballaststoffe. Es entsteht trotz Überfluss an Kalorien ein Mangel, mit Folgen für Wachstum und Entwicklung.
* Für die Zahngesundheit ist Zucker ebenfalls von Nachteil. Mikroorganismen im Mund benutzen und wandeln ihn in Säuren um, die den Zahnschmelz angreifen. Es entsteht Karies.

* Wer viel nascht, findet leicht süße, nährstoffreiche Lebensmittel wie Obst und Gemüse irgendwann fad. Naschen zwischendurch nimmt außerdem Hunger und Appetit auf die Hauptmahlzeiten. Wichtige Lebensmittel und ihre wertvollen Nährstoffe bleiben auf der Strecke.

Wie viel darf es sein?

Täglich 1 Portion Süßes ist erlaubt. Sie gilt als „Extra".

1 Portion passt in eine Kinderhand!

* Die tägliche Menge an süßen „Extras" passt in eine Kinderhand. Ein kleiner Schokokuss, eine Handvoll Gummibärchen, ein Stück Kuchen oder ein kleiner Schokoriegel pro Tag sollten den Appetit auf Süßes stillen.
* Süße Müsliriegel und salzige Snacks gelten ebenfalls als Süßigkeiten bzw. Extras.
* Auch Cola, Limonade und andere Erfrischungsgetränke gehören aufgrund ihres hohen Zuckergehaltes zu den süßen Sachen.

Die tolerierbare maximale Naschmenge liegt für Kinder zwischen vier und sechs Jahren bei etwa 135 kcal pro Tag. Das entspricht elf Stück Würfelzucker!

Beispiele für eine „Extra"-Portion

Limonade	1 Becher	120 ml	60 kcal	
Nuss-Nougat-Creme	2 Teelöffel	ca. 20 g	106 kcal	
Kartoffelchips	1 Handvoll	25 g	135 kcal	
Pfannkuchen	1 Stück	60 g	190 kcal	
Fruchteis	1 Kugel	75 g	104 kcal	

MERKSÄTZE

Süßigkeiten sind kein Erziehungsmittel. Man sollte Süßes weder als Trostpflaster noch als Belohnung oder Anreiz einsetzen. Wenn Kinder frühzeitig lernen, dass Süßes Probleme löst, werden sie es auch später als Erwachsene zur Frustbewältigung nutzen. Dies ist dann oft eine Ursache für Übergewicht und andere ernährungsbedingte Erkrankungen.

Süßes in der Kita

* Definieren Sie klare Regeln für den Umgang mit Süßigkeiten in der Einrichtung!
* Süßigkeiten gehören nicht in die von daheim mitgebrachte Brotbox.

- Süßigkeiten und gesüßte Kinderlebensmittel – Schokoriegel, süße Müsliriegel und Riegel mit Milchzubereitung – sollten nicht als Zwischenmahlzeiten dienen.
- Bauen Sie alternativ ab und zu eine fruchtige Mittagsmahlzeit oder einen süßen Nachtisch und Gebäck aus Vollkornmehl ein.
- Zucker und auch Honig in Backwaren und Nachtischen sollten Sie maßvoll einsetzen. Beim Backen reichen oft zwei Drittel der angegebenen Zuckermenge.
- Getränke sollten möglichst nicht gesüßt werden.
- Haben Kinder Süßes dabei, tadeln Sie nicht die Kinder, sondern suchen Sie das Gespräch mit den Eltern.
- Ausnahme dürfen Süßigkeiten beim Kindergeburtstag oder zu besonderen Anlässen wie z. B. Nikolaus sein.
- Damit die Eltern mitziehen, unterstützen Sie diese mit Hinweisen zu einem bewussten Umgang mit Süßem.

Naschregeln für Eltern

- Strikte Verbote machen keinen Sinn. Was verboten ist, reizt.
- Finden Sie Regeln für den Umgang mit Süßem in der Familie.
- Nutzen Sie Süßes nicht zum Trost, als Belohnung, Druckmittel oder gar gegen Langeweile.
- Lassen Sie Ihr Kind aus einer gemeinsam zusammengestellten „Wochenration" selbstbestimmt wählen.
- Legen Sie „Naschzeiten" fest. Tabu ist Süßes vor oder anstelle einer Mahlzeit.
- Naschen Sie nur alle gemeinsam.
- Nutzen Sie süße Alternativen: Trockenobst, Fruchtspieße mit süßem Dip, selbst hergestelltes Joghurteis.
- Ersetzen Sie die Süßigkeiten durch Nachtisch oder eine kleine süße Zwischenmahlzeit, z. B. frische leicht gezuckerte Erdbeeren mit einem Schuss Milch.
- „Verlängern" Sie gesüßte Produkte, wie fertigen Fruchtjoghurt, mit dem Naturprodukt.
- Vereinbaren Sie auch mit Großeltern: Süßigkeiten als Geschenk oder Mitbringsel nur zu Anlässen und in Maßen!

- Kaufen Sie wenige Süßigkeiten ein, schaffen Sie keine Vorräte.
- Lassen Sie Knabbereien nicht jederzeit zum Zugreifen stehen.
- Beim Einkauf einigen Sie sich mit dem Kind vorher auf eine süße Kleinigkeit, das beugt Quengeleien vor.
- Limonaden und andere süße Getränke sollten eine Ausnahme und Besonderheit bleiben.
- Ganz wichtig: Nach Süßigkeiten Zähne putzen nicht vergessen!
- Unterstützen Sie die Kindertageseinrichtung und andere Eltern bei ihren Bemühungen, maßvoll mit Zucker umzugehen.
- Geben Sie die Portion „Extra" daheim und nicht in der Brotdose in die Kita mit!
- Seien Sie Vorbild: Gehen Sie genauso mit Süßigkeiten um, wie Sie es von Ihrem Kind erwarten.

2.9 Sinn und Unsinn von Kinderlebensmitteln

In Discountern und Supermärkten gibt es ein großes Angebot an sogenannten „Kinderlebensmitteln", also Lebensmittel, die Eltern und Kinder zum Kauf anregen sollen, durch:

* die Aufschrift „für Kinder" oder „Kids",
* auffällige Gestaltung der Verpackung
* spezielle kindgerechte Form, z. B. als Tier- oder Comicfiguren,
* Beigaben, wie Aufkleber, Sammelbilder oder Spielfiguren,
* speziell an Kinder gerichtete Werbung.

Dazu gehören z. B.: spezielle Süßigkeiten, fertige Pausenmahlzeiten, Wurstwaren, panierte Geflügelprodukte, Frühstückscerealien, Milchprodukte mit Fruchtzusätzen, Fruchtsaftgetränke und Getränkepulver oder Knuspermüslis.

2

MERKSÄTZE

Diese Lebensmittel sind zwar für Kinder attraktiv, aber oft überflüssig:

- **Pflanzliche Lebensmittel und damit Ballaststoffe kommen zu kurz, die Produkte machen weniger satt.**
- **Nährstoffanreicherungen mit Vitaminen und Mineralstoffen, um sie gesund wirken zu lassen, bringen keinen Vorteil zu vergleichbaren natürlichen Lebensmitteln.**
- **Viele Kinderlebensmittel sind gesüßte Produkte. So wird mit einem Milchgetränk aus Kakao-Instantpulver die pro Tag geduldete Zuckermenge schon fast erreicht. Werden süße Produkte mit Süßstoffen versetzt, sind sie zwar zuckerfrei, fördern aber trotzdem den Süßgeschmack.**
- **In einigen Kinderlebensmitteln stecken viel Fett und ungünstige gehärtete Fette.**
- **Kinderlebensmittel enthalten meist Aromen und Zusatzstoffe. Das fördert eine Vereinheitlichung von Geschmack und behindert die natürliche Geschmacksentwicklung. Oft suggerieren die Produkte Früchte oder andere Zutaten, die gar nicht oder nur in geringen Mengen enthalten sind.**
- **In der Regel sind die Produkte teurer als herkömmliche Lebensmittel bzw. selbst zubereitete Speisen.**

... und so entdecken Sie die Zuckermenge auf dem Etikett

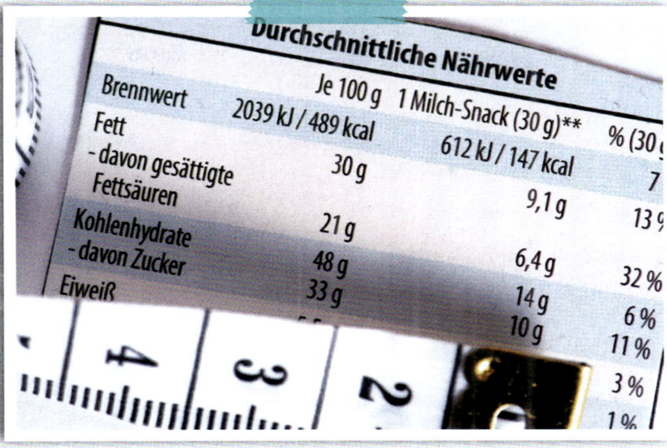

In der **Zutatenliste** finden Sie alle dem Produkt zugesetzten Süßmacher. Also Haushaltszucker, aber auch Honig, Glucose-Fructose-Sirup usw. Umso weiter oben der Zucker und andere süßmachende Stoffe in der Zutatenliste stehen, umso höher der Gehalt im Produkt und desto süßer ist es.

In der **Nährwerttabelle** sind pro 100 g und zusätzlich meist pro Portion in der Zeile „davon Zucker“
alle süßen Zuckerarten, also Haushaltszucker, Trauben-, Frucht- und Milchzucker des gesamten Produktes aufsummiert.

Zuckerwürfel eignen sich am besten, um sich die Menge an Zucker im Lebensmittel vorzustellen oder sie darzustellen:

1 Zuckerwürfel wiegt 3 g. Im Beispiel sind 10 g Zucker in einer Portion. Dividiert durch 3 ergibt dies etwa 3,5 Zuckerwürfel.

HINWEIS

„Dem Zucker auf der Spur“ wäre ein spannendes Thema für einen Elternabend. Brauchen Sie Unterstützung bei der Umsetzung, ist unter https://www.ble-medienservice.de/0115/dem-zucker-auf-der-spur-downloadversion für solche Zwecke hilfreiches Unterrichtsmaterial zu finden.

3 Hinweise für die Ernährung von Kleinkindern

Für Kleinkinder zwischen dem ersten und dritten Lebensjahr gelten die grundsätzlichen Ernährungsempfehlungen wie im Kapitel 1 und 2 besprochen. Ein paar Besonderheiten bei der Lebensmittelauswahl gilt es zu berücksichtigen, und die „Kleinen in der U3-Gruppe“ benötigen etwas mehr Aufmerksamkeit und Unterstützung beim Essen.

FALLBEISPIEL

Das Team der Kindertagesstätte „Pusteblume“ schneidet täglich das frische saisonale Obst und Gemüse für das zweite Frühstück der Kinder selbst auf. In der Dienstberatung wird von Anne, einer Pädagogin, angesprochen, das Obst und Gemüse für die Krippenkinder ohne Schale anzubieten. Sie befürchtet, dass die Kinder sich an dieser verschlucken könnten und zudem das 2. Frühstück für die Krippenkinder attraktiver wird. Die Anmerkung von Anne löst eine Diskussion in der Dienstberatung über die zukünftige Zubereitung von Obst und Gemüse für die Krippenkinder aus, in der die Meinungen der Pädagogen sehr unterschiedlich ausfallen.

3.1 Mengenempfehlungen

Lebensmittelmengen und Energiebedarf richten sich nach dem Alter des Kindes. Das Portionsmaß ist auch hier die Hand des Kindes.

LEBENSMITTELGRUPPE	PORTIONEN	MENGEN FÜR 1- BIS 3-JÄHRIGE
Getränke	6 kleine Becher pro Tag	600 – 700 ml/Tag
Gemüse	3 Portionen pro Tag	150 – 180 g/Tag
Obst	2 Portionen pro Tag	100 – 120 g/Tag
Kartoffeln, Nudeln, Reis	1 Portion pro Tag	100 – 120 g/Tag
Brot, Getreide	2-3 Scheiben Brot pro Tag oder davon 1 Portion Flocken	80 – 120 g/Tag
Milch, Milchprodukte	3 Portionen Milch und/oder Milchprodukte pro Tag	300 – 330 g/Tag
Fleisch, Wurst	3 Fleischgerichte pro Woche	30 – 35 g/Tag
Eier	1 bis 2 Eier pro Woche	1 – 2 Stück/Woche
Fisch	1 Portion pro Woche	25 – 35 g/Woche
Öl, Margarine, Butter	1½ bis 2 Esslöffel täglich	15 – 20 g/Tag
Süßes und Snacks	1 kleine Kinderhand voll	85 – 95 kcal/Tag (≙ 7 bis 8 Stück Zucker)

3

3.2 Besonderheiten bei der Lebensmittelauswahl

Kaufähigkeit berücksichtigen

* Solange noch keine Backenzähne vorhanden sind, werden Speisen mit den Kiefernleisten zerdrückt. Deshalb Gemüse mit harter Hülle, wie Tomaten, Gurke oder Paprika, zerkleinern, schälen, häuten oder zerdrücken.
* Ab dem 2. Lebensjahr, wenn die Backenzähne hervorkommen, darf's dann auch härtere Rohkost sein, wie Möhrenstifte, Kohlrabischeiben oder ein zartes, mildes Radieschen.
* Bei Äpfeln, Birnen und Co darf die Schale nun dranbleiben, auch weil sich dicht darunter die gesunden Vitamine und Ballaststoffe verbergen.
* Scharf angebratenes Fleisch ist schwierig zu kauen. Am besten ist zartes Fleisch aus Geflügel gedünstet, gedämpft, gekocht oder mageres durchgegartes Hackfleisch.
* Die Entwicklung der Kaumuskulatur kann unterstützt werden durch Lebensmittel wie z. B. kleine Stücke von Vollkornbrot mit Rinde. Wählen Sie Brot aus fein vermahlenem Mehl.

Vorsicht vorm Verschlucken

* Kleine harte Lebensmittel sind nicht nur ungeeignet für die kleinen Zähnchen, sie geraten auch leicht in die Luftröhre. Vermeiden Sie deshalb Johannisbeeren, Weintrauben, Rosinen und Nüsse.
* Auch Brot und Gebäck mit Sonnenblumenkernen oder Nüssen sind keine gute Wahl.

Schwer zu verdauen

* Blähende und schwer verdauliche Lebensmittel wie Linsen oder Zwiebeln langsam einführen.
* Speisen für Kinder nicht zu kräftig würzen, sparsam mit Salz umgehen.
* Panierte und frittierte Lebensmittel sollten die Ausnahme bleiben.
* Speisen nicht zu stark braten oder gar „verkohlen". Auch Gegrilltes und Überbackenes ist eher ungünstig für die Kleinsten.
* Achtung bei Nahrungsmittelunverträglichkeiten und Allergien, hier sind klare Absprachen zwischen Eltern, Einrichtung und Küche nötig.

Überschaubare Auswahl

* Kleinkinder mögen es geschmacklich einfach und übersichtlich auf ihrem Teller. Sehr gemischte Speisen, wie Aufläufe, Mischgemüse oder Eintöpfe sind eher ungeeignet. Besser max. 3 Lebensmittel in getrennten „Häufchen“ auf dem Teller anrichten.
* Kinder sollten viel probieren dürfen, damit sie lernen, was ihnen schmeckt und in welcher Zubereitung sie ein Lebensmittel mögen. Bieten Sie jedoch nicht zu viel in einer Mahlzeit an, das überfordert kleine Kinder schnell.
* Portionen nicht zu groß wählen. Das erhält das natürliche Hunger-Sättigungs-Gefühl. Zu volle Teller können den Appetit verderben oder dazu verleiten, zu viel zu essen.

Achtung Infektionsgefahr:

Rohe tierische Produkte sind für Kleinkinder ungeeignet. Da sich das Immunsystem noch in der Entwicklung befindet, sind die Kleinsten für Lebensmittelinfektionen anfälliger. Deshalb:

* keine Käse aus Rohmilch,

Beachten Sie das Etikett

* keine Rohwürste wie Salami oder Mettwurst,
* auch roher Fisch wie geräucherter Lachs ist ungeeignet.
* Rohe Eier sind ebenfalls tabu für Kinder. Eierspeisen sollen gut durchgegart sein.

Muttermilch in der Kita?

* Prüfen Sie die Milch bei Annahme auf Sauberkeit und Temperatur. Für die Hygiene bei Gewinnung und Transport sind die Eltern verantwortlich. Lassen Sie sich das bestätigen. Hilfreich hierfür ist

das Merkblatt für Eltern vom Bundesinstitut für Risikobewertung, zu finden unter://www.bfr.bund.de/cm/350/meine-muttermilch-fuer-mein-kind.pdf

* Bewahren sie gekühlte Muttermilch bei max. 5°C auf und verfüttern Sie diese am selben Tag. Gefrorene Milch bei -18 bis -22°C lagern und innerhalb von 24 h nach dem Auftauen verfüttern. Lagertemperaturen dokumentieren.
* Erwärmen Sie die Milch schonend unter fließend warmem Wasser oder im Flaschenwärmer. Nicht im Wasserbad oder der Mikrowelle. Verfüttern Sie erwärmte Milch sofort.
* Reste dürfen keinesfalls nochmal verwendet werden. Werfen Sie diese weg!
* Flaschen, Sauger und Deckel vorspülen und den Eltern zur Reinigung mitgeben.

Ausführliche Hinweise zum Umgang mit Muttermilch in Kita und Tagespflege finden Sie unter: https://www.bfr.bund.de/cm/350/hinweise-zum-umgang-mit-muttermilch.pdf.

HINWEIS

Bleiben Sie im Gespräch mit den Eltern, auch über das Essen. Die Lebensmittelauswahl innerhalb der Mahlzeiten zu Hause und in der Einrichtung sollte sich ergänzen. Dokumentieren Sie den Essalltag. Der Speiseplan sollte den Eltern zur Verfügung stehen bzw. aushängen. Eine gute Idee ist ein Speiseplan in Bildern.

3.3 Essen will gelernt sein

FALLBEISPIEL

Der einjährige Pepe ist seit kurzem in der Kinderkrippe und nimmt dort die täglichen Mahlzeiten mit den anderen Krippenkindern ein. Die Mutter von Pepe berichtete bei der Eingewöhnung, dass er bisher nur Brei oder pürierte Mahlzeiten zu sich genommen hat und von den Eltern gefüttert wird. Trotz dieser Informationen haben die pädagogischen Fachkräfte sich dazu entschieden, Pepe das Mittagessen kleingeschnitten in fester Form (unpüriert) zu servieren. Pepe gelingt das Kauen der festen Nahrung sehr gut, allerdings fällt es ihm schwer, den Löffel koordiniert zum Mund zu führen. Dadurch nimmt er häufig die Hände zum Aufnehmen des Essens zur Hilfe. Pepe lernt schnell, dass es ihm mit den Händen besser und schneller gelingt zu essen, weshalb er die Hände zur Nahrungsaufnahme dem Besteck bevorzugt. Die Erzieher beobachten beim Mittagessen immer häufiger, wie Pepe mit den Fingern isst und den Löffel ablehnend auf den Boden wirft.

Die Betreuungszeit beim Essen richtet sich nach dem Entwicklungsstand des Kindes, also z. B.: Zahnstatus, Neugier, Selbstständigkeit. Mehr Zeit für die Mahlzeiten und auch mehr pädagogische Fachkräfte für die Unterstützung beim Essen muss eingeplant werden für die „kleine Gruppe“.

Nicht nur die Lebensmittelauswahl will gelernt sein, auch das Essen erst mit den Fingern, später mit Besteck müssen die Kleinen üben. Dass dabei eine Menge danebengeht, sollte Sie nicht aus der Fassung bringen. Lassen Sie die Kinder so viel wie möglich selbst ausprobieren.

- Die „Kleinen“ sollten gemeinsam essen. So schmeckt es am besten, und die Kinder essen meist vielfältiger als daheim. Die Tischgemeinschaft ist für sie deshalb empfehlenswerter als das freie Essen.
- Trotzdem sollte jedes Kind die Zeit bekommen, die es zum Essen braucht. Auf den „Bummelletzten“ muss keiner warten.
- Am besten hat ein Kleinkind auch beim Essen immer eine feste Bezugsperson.
- Kleinkinder brauchen Vorbilder, sie lernen durch Nachahmung am meisten. Essen Sie als Betreuungskräfte, wenn möglich, gemeinsam mit den Kindern – zumindest beim Frühstück und dem Nachmittagsimbiss.

3

- Geben Sie den „Essanfängern“, den 1-Jährigen, nur so viel Hilfestellungen, wie sie wirklich brauchen.
- Stören Sie ein Kind nicht, wenn es versucht, den Löffel allein zum Mund zu bewegen.
- Allerdings ermüden die Kleinsten oft nach wenigen selbstständigen Löffeln und brauchen dann doch Hilfe. Am liebsten essen sie mit den Fingern.
- Ab dem 2. Lebensjahr können Kinder schon viel selbst. Geben Sie ihnen nur noch so viel Hilfe, wie sie fordern.
- Beim Selbernehmen übt sich Feinmotorik. Das kann man unterstützen, u. a. durch:
  - geeignete Speisenauswahl, z. B. kurze Nudeln statt Spaghetti,
  - nicht zu große Servierschüsseln,
  - mittelgroße Schöpflöffel, die gut zu handhaben sind,
  - oder durch nur zur Hälfte gefüllte Suppenschüsseln.

3.4 Die richtige Ausstattung

„Der Raum ist der dritte Erzieher“ (Loris Malaguzzi)

HINWEISE ZUR AUSSTATTUNG

- Ruhiger Raum mit warmen Farben
- Am besten runde, ovale oder sechseckige Tische
- Sitzhöhe etwa 22 cm, die Füße sollten nicht „baumeln“
- Bei altersgemischten Gruppen kleine Spielecke nahe des Essplatzes für Wartezeiten
- Bequeme Sitzgelegenheit für die Betreuungsperson
- Bruchsicheres, gut stapelbares Geschirr
- Für Essanfänger Teller mit hohem Rand
- Für Desserts kleine Schälchen bis 120 ml
- Gläser aus gehärtetem Glas oder Becher aus Kunststoff halb gefüllt, Schnabeltassen sind zum Trinkenlernen nicht zu empfehlen
- Kinderbestecke mit extra dicken Griffen, abgerundeten Kanten und das Messer ohne Sägeschliff
- Extragroße Lätzchen
- Tischdecken aus Plastik oder Platzsets, gern selbst gestaltet

Das eigene Tischset

Material je nach Alter z. B.:
- Bogen DIN A3 (weiß oder einfarbig)
- Buntpapierreste
- Bleistift
- Radiergummi
- Kleber
- Laminierfolie und -gerät

Arbeitsanleitung:
Mit Bleistift werden auf dem Bogen Papier verschiedene Motive und Muster gezeichnet. Das können Früchte, Tiere oder Landschaften sein. Verschiedene Kreise, Vierecke und Dreiecke lassen sich ebenfalls zu einem bunten Mosaik kombinieren.
Die Zeichnungen können das ganze Blatt bedecken, aber auch Teile des Papiers aussparen.
Nun werden die verschiedenen Buntpapierreste in kleine Schnipsel gerissen und in die Muster und Motive geklebt.
Das fertige Tischset wird laminiert, so hält es eine ganze Weile und ist abwischbar.

4 Von früh bis abends – Essen im Tagesverlauf

Egal ob vor Ort zubereitet, von Fremdküchen angeliefert oder in der Brotdose von daheim mitgebracht, alle einzelnen Mahlzeiten am Tag sollten sich zu einer abwechslungsreichen und gesunden Ernährung ergänzen. Kein einfaches Unterfangen. Individuelle Wünsche und Bedürfnisse der Kinder gilt es zu berücksichtigen. Eltern, Erzieher/-innen und Mitarbeiter/-innen der Küchen sollten an einem Strang ziehen. Kostenrahmen und räumliche Gegebenheiten der Einrichtung beeinflussen die Umsetzungsmöglichkeiten.

In diesem Kapitel geht es um die Bedeutung von regelmäßigen Mahlzeiten für Kinder. Wir gehen der Frage zur Anzahl und Reihenfolge von Mahlzeiten nach und schauen, was prinzipiell auf den Teller gehört.

FALLBEISPIEL

Das Team der Kindertagesstätte „Bienchen“ möchte an ihrem pädagogischen Tag die zeitlichen Strukturen des Alltags überarbeiten. Die pädagogischen Fachkräfte beklagen sich darüber, dass durch die häufigen Mahlzeiten wertvolle Spiel- und Angebotszeit unterbrochen wird oder nicht die gewünschte und benötigte Zeit dafür zur Verfügung steht. Bisher wird der Tagesablauf maßgeblich durch diese Mahlzeiten strukturiert:

7.30 Uhr bis ca. 8.00 Uhr	*Frühstück*
9.00 Uhr bis ca. 9.30 Uhr	*Obstfrühstück/2. Frühstück*
11.00 Uhr bis ca. 11.30 Uhr	*Mittagessen*
14.30 Uhr bis ca. 15.00 Uhr	*Nachmittagsimbiss*

Durch die Kernbetreuungszeiten der Kinder steht den Pädagogen für ihre Bildungsarbeit am Vormittag nur die Zeit von 9.00 Uhr bis 11.00 Uhr zur Verfügung, in welche auch noch der tägliche Aufenthalt im Garten fällt. Weil sich die Erzieher zunehmend gestresst fühlen und für ihre pädagogische Arbeit das Zeitfenster zu gering ist, überlegt das Team, ob sie das Obstfrühstück/2. Frühstück aus ihrem täglichen Mahlzeitenplan streichen.

4.1 Bedeutung regelmäßiger Mahlzeiten

Regelmäßige Mahlzeiten sind besonders für Kinder wichtig. Sie liefern Nachschub an Energie und Nährstoffen und stillen damit Durst und Hunger. Darüber hinaus erfüllen sie neben diesem Grundbedürfnis viele weitere Bedürfnisse und spielen eine große Rolle für eine ausgewogene Ernährung.

Bedeutung regelmäßiger Mahlzeiten für eine gesunde und ausgewogene Ernährung:

- Sie strukturieren den Tag.
- Regelmäßige Mahlzeiten belasten Magen und Darm nicht.
- Heißhunger wird vermieden und das natürliche Sättigungsgefühl bleibt erhalten.
- Die Leistungskurve bleibt über den Tag hinweg auf einem gleichmäßig hohen Niveau.
- Feste Mahlzeiten erleichtern die richtige Lebensmittelauswahl. Bei angemessenen Portionsgrößen wird ein Überangebot an Energie vermieden.

Bedeutung der Mahlzeiten für die Erfüllung sozialer, emotionaler und kognitiver Bedürfnisse:

- Gemeinsame Mahlzeiten stiften Gemeinschaft und erfüllen den Wunsch nach Zugehörigkeit und Geborgenheit.
- Gemeinschaftliche Mahlzeiten fördern Beziehungsfähigkeit und Kommunikation.
- Sie bieten den Rahmen, um Regeln und Normen zu achten und Esskultur kennenzulernen.
- Sie geben die Möglichkeit, alltägliche Fertigkeiten zu üben, einen wertschätzenden Umgang mit Lebensmitteln zu entwickeln und ein gesundes Essverhalten zu erlernen. Binden Sie die Mahlzeiten in Ihre Bildungsangebote ein bzw. benutzen Sie diese dafür (siehe Vorschläge in Kap. 5.1 und 8).

Übersicht

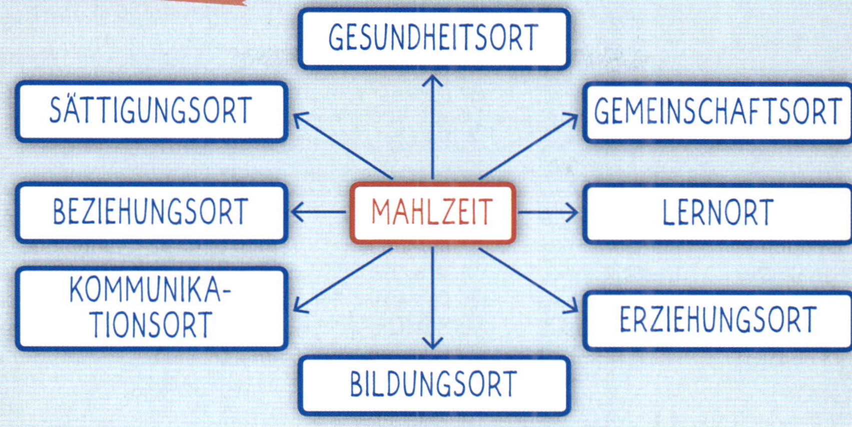

4.2 Wie viele Mahlzeiten braucht ein Kind?

MERKE

Vier bis fünf Mahlzeiten sind für Kinder empfehlenswert. Am besten eignen sich:
- **eine warme Hauptmahlzeit,**
- **zwei kalte Hauptmahlzeiten (Brotmahlzeiten),**
- **zwei Zwischenmahlzeiten.**

Am Morgen: Mit dem Frühstück beginnt der Tag. Die Energiereserven sind durch die Nacht aufgebraucht. Um fit und gut gelaunt in den Tag zu starten, braucht das Kind ein ausgewogenes Frühstück. Es sollte liebevoll zubereitet und in Ruhe genossen werden. Meist wird das erste Frühstück zu Hause gegessen.
Ergänzt wird es durch die erste Zwischenmahlzeit, ein kleines zweites Frühstück. Das erste und das zweite Frühstück sollten sich in der Menge und der Zusammensetzung ergänzen. Gemeinsam decken sie ein Drittel des Tagesbedarfs an Energie. Für kleine Morgenmuffel, die morgens noch nicht essen mögen oder da, wo die Zeit zum Frühstücken zu Hause nicht ausreicht, kann das zweite Frühstück reichhaltiger sein.

Zum Mittag: Um die Mittagszeit herum verlangt nicht nur der kleine Körper nach Energienachschub. Am besten ist jetzt eine warme Mahlzeit, aber auch ein kalter Imbiss ist möglich. Das Mittagessen oder der kalte Imbiss sollten das nächste Drittel der Tagesenergie liefern.

Zwischendurch: Der Imbiss am Nachmittag ist die zweite Zwischenmahlzeit des Tages. Sie bringt neue Kraft, verhindert ein Tief am Nachmittag und hält bis zum Abendessen fit. Der kleine Nachmittagsimbiss sollte möglichst leicht und fettarm sein, sodass genug Appetit für das Abendbrot bleibt. Nur selten sollte es etwas Süßes sein.

MERKE

In die Essenspausen gehören weder Snacks, Naschereien noch zuckerhaltige Getränke.

Am Abend: In der Regel wird das Abendessen in der Familie gegessen. Meist treffen sich nun alle Familienmitglieder, berichten vom Tag, machen Pläne und genießen das Zusammensein.
Das Abendbrot sollte die letzte Mahlzeit des Tages sein. Sie deckt gemeinsam mit dem Nachmittagsimbiss das verbleibende Drittel des Energiebedarfs des Kindes. Bis zum Morgen muss die Energie noch für kleine Aktivitäten und die Funktionen des Körpers ausreichen, die auch in der Nacht nicht ausgeschaltet werden.
Mit dem Abendessen kann man kleine Defizite des Tages z. B. in der Vitaminzufuhr ausgleichen. Waren die Mahlzeiten tagsüber schon üppig genug, sollte es etwas kleiner ausfallen. Damit die Arbeit des Verdauungssystems den Schlaf nicht stört, darf es nicht so schwer sein. Ob aber warm oder kalt, bleibt den Gepflogenheiten in der Familie vorbehalten.

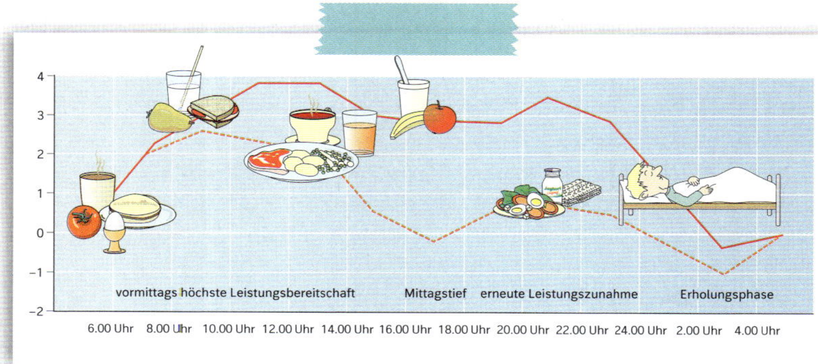

Die Reihenfolge der Mahlzeiten innerhalb des Tages ist abhängig von den Möglichkeiten und Gegebenheiten innerhalb der Familie und den Angeboten der Kita.

Beispielhaft kann ein Tag also wie folgt aussehen:

ZEITPUNKT/ORT	BEISPIEL 1	BEISPIEL 2
Morgens zuhause oder in der Kita	Müsli aus Getreideflocken mit Rosinen, Nüssen und Milch	Kleines Frühstück: Glas Bananenmilch mit Getreideflocken
Vormittags in der Kita	Zweites Frühstück: Gemüserohkost + kleine Scheiben Baguette	Großes Frühstück: Brot aus fein vermahlenem Vollkorn mit Käse + 1 Kiwi
Mittags zuhause oder in der Kita	Kalter Mittagsimbiss: Brot aus fein vermahlenem Vollkorn mit Frischkäse und Radieschen	Warme Mahlzeit: Kartoffelpüree mit Fischstäbchen und Gurkensalat
Nachmittags zuhause oder in der Kita	Banane und Milchbrötchen	Naturjoghurt mit frischen Früchten und 2 kleinen Knusperkeksen
Abends zuhause	Warmes Abendessen: Bunte Gemüsenudeln mit Möhren und Zucchinistreifen	Möhrenrohkost und Mischbrot mit Kräuterquark

4.3 Die Tellerregel

Wie kombinieren wir die Mahlzeiten zu einem gesunden Ganzen?

Im Kapitel 1 haben Sie die Grundregeln einer gesunden Ernährung kennengelernt. Die Ernährungspyramide hilft uns dabei, sie auch im Kitaalltag umzusetzen. Alle Bausteine, wie in Kapitel 2 beschrieben, sollten sich an einem Tag mit gesunder ausgewogener Ernährung auf den Tellern wiederfinden.

Die Tellerregel

Beispielteller

* Auf die Teller der drei Hauptmahlzeiten gehören:
  - jeweils Lebensmittel aus mindestens drei verschiedenen Lebensmittelgruppen,
  - überwiegend bestehend aus pflanzlichen Lebensmitteln, also einem Portionsbaustein Gemüse und Obst und eine sättigende Komponente aus der 3. Pyramidenebene, wie Brot, Nudeln, Reis, Kartoffeln, Getreideflocken,
  - dazu ein gelber Baustein in Form von Milch, Quark, Käse, Frischkäse oder Joghurt.
  - In einer der Hauptmahlzeiten darf auch der letzte gelbe Baustein Platz finden: Fisch oder Fleisch oder fettarme Wurst oder Ei.

z. B. Mittagsteller

* Für die Teller der Zwischenmahlzeiten
  - wählen wir aus zwei verschiedenen Lebensmittelgruppen.
  - Mindestens die Hälfte des Tellers sollte mit grünen Bausteinen gefüllt werden: Obst, Gemüse, Getreideprodukte.

Zu jeder Mahlzeit gehört natürlich ein Getränk, möglichst ungesüßt oder nur wenig gesüßt.

Ein Beispieltag

1. Frühstück
Belegte Vollkornbrötchen

Mittagessen
Hühnchen mit Reis und Gemüse

Abendessen
Sandwiches mit Frischkäse

2. Frühstück Gemüsesticks mit Dip

Nachmittagsimbiss
Müsli mit frischen Beeren

Tagesplan für ein 6-jähriges Kind mit Speisevorschlägen und Mengenangaben

ZEITPUNKT	MAHLZEIT 1		MAHLZEIT 2	
Morgens	1. Frühstück		Kleines Frühstück	
	Vollkornbrot	60 g	Milchmix	
	mit Frischkäse	20 g	mit Bananen	80 g
	und Bananenscheiben	30 g	Heidelbeeren	70 g
	Früchtetee	175 ml	Milch	150 ml
			Früchtetee	200 ml
Vormittags	2. Frühstück		Großes Frühstück	
	selbstgemachter Fruchtsmoothie		Ei	50 g
	aus Blaubeeren	50 g	im Brötchen (Vollkorn)	60 g
	Naturjoghurt und Milch	150 ml	Tomatenscheiben	70 g
	1 Glas Wasser	175 ml	1 Glas Wasser	200 ml
Mittags	Warmes Mittagessen		Mittagsimbiss (kalt)	
	Vollkornnudeln	180 g	Vollkornbrot	60 g
	Soße aus frischen Tomaten	70 g	mit Frischkäse	30 g
	geriebener Käse	30 g	und Gemüsespieß:	
	Apfel-Möhren-Rohkost	50 g/70 g	Gurke, Kohlrabi, Paprika	90 g
	Glas Wasser	175 ml	Kirschsaftschorle	200 ml
Nachmittags	Nachmittagsimbiss		Nachmittagsimbiss	
	Muffins aus Vollkornmehl	60 g	Apfelpfannkuchen:	
	Himbeeren	50 g	Weizenmehl	50 g
	Quark und Milch	100 g	Äpfel	50 g
	Apfelschorle	175 ml	Vanillemilch	150 ml
Abends	Abendbrot		Abendbrot	
	Vollkornbrot	60 g	Gemüsereis mit Fisch:	
	Salatblatt	30 g	Reis (Natur, ungegart)	60 g
	Kochschinken	40 g	Seelachsstreifen	50 g
	Paprika- + Kohlrabisticks	40 g	Möhren und Brokkoli	70 g
	Kräuterquark zum Dippen	40 g		
	Kräutertee	200 ml	Pott Kräutertee	200 ml

5 Praxis der Mahlzeitengestaltung in der Kita – Frühstück und Zwischenmahlzeiten

Viele Kinder verbringen einen wesentlichen Teil des Tages in Kindertagesstätten. Sie als Pädagog:innen übernehmen damit eine große Verantwortung auch bei der Verpflegung. Das Essensangebot und das gemeinsame Essen in der Einrichtung sind mitbestimmend für den Ernährungszustand und die Essgewohnheiten der Kinder im Moment und im Verlaufe ihres Lebens.

Da in den Einrichtungen je nach ihren Gegebenheiten nur ein Teil der täglichen Kost aufgenommen wird, ist eine Zusammenarbeit mit den Eltern wichtig. Soll das Kind rundum ausgewogen ernährt werden, bedarf es der Abstimmung zwischen Eltern und Tagesstätte. Auch die Kinder selbst sollten in die Speisenplanung einbezogen werden.

5.1 Das Kita-Frühstück

TIPPS

Nutzen Sie das Frühstück in der Kita als erstes pädagogisches Angebot am Tag:

* Bevorzugen Sie das gemeinsame Frühstück vor dem freien Frühstück.
* Lassen Sie die Kinder ihre Gewohnheiten beschreiben.
* Benennen Sie gemeinsam die Lebensmittel, die zum Frühstück gehören können.
* Gestalten Sie regelmäßig ein gemeinsames Frühstück mit Eltern und Kindern.
* Lassen Sie die Kinder bei der Auswahl und Zubereitung des Frühstücks nach ihren Möglichkeiten mittun.

Beziehen Sie die Eltern ein

Besprechen Sie nicht nur beim Eintritt eines Kindes in die Kita mit den Eltern Ernährungsfragen, z. B.:

* Gibt es Einschränkungen oder Besonderheiten beim Essen und Trinken?
* Welche Frühstücksgewohnheiten hat Ihre Kita?
* Was wird zum Frühstück angeboten?
* Wie wird mit Süßigkeiten umgegangen?
* Was gehört in die Frühstücksbox?

* Welche Lebensmittel möchte die Kita nicht in der Brotdose?
* Was gibt es zum Frühstück daheim?
* Welche Getränke stellt die Kita?
* Welche Regeln und Rituale gibt es in der Kita und daheim?
* Welche Sorgen beim Essen und Trinken gibt es aktuell?
* Nehmen Sie Ideen und Anregungen der Eltern an und bleiben Sie im Gespräch.
  Das schafft nicht nur Vertrauen, sondern erleichtert Ihre Arbeit.

Wie wollen wir frühstücken?

Je nach räumlichen und personellen Gegebenheiten sowie der Gruppenzusammensetzung und Anzahl der Kinder wird meist zwischen zwei Frühstücksformen unterschieden. Gefrühstückt wird in Kleingruppen während des Spiels oder mit allen gemeinsam zu einer festgelegten Zeit. Da beide Varianten Vorteile bieten, kann man sie möglicherweise auch wochen- oder monatsweise abwechselnd anbieten oder zwischen den Mahlzeiten wechseln:

Das gemeinsame Frühstück

Alle Kinder nehmen zum gleichen Zeitpunkt am Tisch Platz und beenden die Mahlzeit zu einem festen Ende. Das Essen ist eine gemeinsame Aktivität für die Kinder.

* Den meisten Kindern schmeckt es in der Gemeinschaft besser und die Freude beim Essen kann auch „schlechte Esser“ anstecken.
* Sitzen die Kinder gemeinsam am Tisch, werden sie nicht abgelenkt durch kommende und gehende Kinder.
* Die Bereitschaft, unbekannte Lebensmittel auszuprobieren, ist größer, wenn es die anderen auch versuchen.
* Essgewohnheiten und Tischmanieren sind einerseits durch die Erziehungsperson besser zu beobachten, andererseits kann sie selbst ihre Vorbildrolle verstärkt wahrnehmen.
* Vor dem gemeinschaftlichen Frühstück können die Kinder bei der Vorbereitung helfen, dabei lernen, was alles zum Frühstück dazugehört und Mitverantwortung auch für andere übernehmen.
* Allerdings können sich Kinder untereinander auch schlechte Manieren abschauen oder sich Abneigungen gegen bestimmte Speisen aneignen.
* Und: Der Lärmpegel kann sehr hoch werden, das lenkt ab und kann manchen Kindern den Appetit verderben.

Das freie Frühstück

Hierfür gibt es natürlich auch einen festen Zeitraum, jedoch kann das Kind selbst entscheiden, wann es seine Mahlzeit beginnt und beendet.

* Für die Förderung des Hunger- und Sättigungsgefühls ist dies vorteilhafter.
* Wenn Kinder daheim nicht oder nur sehr wenig frühstücken, können sie das nun in Ruhe nachholen. Die anderen können erst einmal weiterspielen.
* Durch die begrenzte Anzahl der Kinder bei Tisch kommt es zu weniger Streitigkeiten und der Geräuschpegel hält sich in Grenzen.
* Die Selbstständigkeit der Kinder wird gefördert, weil sie sich ihre Gedecke selbst organisieren.
* Allerdings kann hier wenig auf Essmanieren eingegangen werden.
* Und: Da die Eigenverantwortlichkeit der Kinder meist noch nicht ausgeprägt ist, ist das Spielen wichtiger als das Essen und so wird das Essen schnell vergessen.

5.2 Gesund frühstücken

Werden das erste und/oder das zweite Frühstück in der Einrichtung hergestellt, beachten Sie bei der Auswahl der Lebensmittel und Speisen die Tellerregeln, wie sie Kapitel 4.3 beschreibt.

Für ein gutes Frühstück wählt man hauptsächlich aus vier Lebensmittelgruppen:

Getreideprodukte	z. B. Müsli, ungesüßte Frühstücksflocken, Brot und Brötchen aus dem vollen Korn (fein vermahlen)
Gemüse und/oder Obst	z. B. Möhren, Kohlrabi, Salat, Radieschen, Gurken, Beeren, Apfelsine, Apfel
Milch/Milchprodukte	z. B. Joghurt, Milch, Quark, Käse, Buttermilch
Getränke	z. B. Kräuter- oder Früchtetee

Drei Beispiele für das erste Frühstück:

* Müslifrühstück – Frisches Früchtemüsli mit Milch, Vollkornflocken und Obst der Saison
* Brotfrühstück – Käsebrot mit Radieschenscheiben
* Süßes Frühstück – Scheibe Hefezopf mit frischem Erdbeerpüree und Kakaomilch

Für das zweite Frühstück reicht dann in der Regel etwas frisches Obst oder Gemüserohkost und ein kleines Milchprodukt oder eine kleine Scheibe belegtes Brot.

z. B. ein Wurstbrot mit Gurkenscheiben
ein kleiner Obstsalat
Gemüsestifte mit Quarkdip
Gelegentlich eine kleine Süßigkeit: Rosinenbrötchen mit Honig

BEISPIEL FÜR EINE GUTE FRÜHSTÜCKSKOMBINATION FÜR 4- BIS 6-JÄHRIGE:

1. Frühstück: Möhren-Müsli-Mix
1 kl. Möhre
½ Apfel
½ TL Zitronensaft
3 EL Getreideflocken
1 TL Sultaninen
5 EL Joghurt
Möhre und Apfel grob raspeln, mit Haferflocken und gehackten Nüssen mischen.
Joghurt unterziehen.

2. Frühstück: Fruchtige Käseschnitte
1 Scheibe Mischbrot
2 TL Frischkäse
1 kleine Nektarine
Das Brot mit Frischkäse bestreichen. Die Nektarine in Spalten geschnitten dazu reichen oder auf das Brot legen.

Folgende Empfehlungen für den Einsatz von Lebensmitteln sollten für die Zubereitung des ersten und zweiten Frühstückes berücksichtigt werden:

LEBENSMITTEL-GRUPPE	QUALITÄT UND ANGEBOT	PRAXISBEISPIELE	PORTIONS-GRÖSSE
Getreide, Getreideprodukte	Täglich Vollkornprodukte	Brot und Brötchen möglichst aus dem vollen Korn und fein vermahlen	Eine Scheibe so groß wie eine Kinderhand (mit ausgestreckten Fingern)
	Müsli ohne Zuckerzusatz	Verschiedene Getreideflocken gemischt mit Trockenfrüchten	
Gemüse und Salat	Täglich Gemüse frisch oder tiefgekühlt, ab und zu Hülsenfrüchte	Möhren, Paprika, Gurken, Kohlrabi, Tomaten als Gemüsesticks, Rohkost, Salatteller, Brot-/Brötchenbelag; Hülsenfrüchte als Aufstrich	Ein bis zwei Kinderhände voll
	Salat	Kopf-, Eisberg-, Feldsalat gemischt mit Tomaten, Gurken, geraspelten Möhren oder als Brotbelag	
Obst	Täglich Obst frisch oder tiefgekühlt und ohne Zuckerzusatz	Äpfel, Birnen, Pflaumen, Kirschen, Bananen, Mandarinen im Ganzen, mundgerecht geschnitten, als Obstsalat, im Müsli, Quark oder Joghurt	Ein bis zwei Kinderhände voll
	Nüsse (ungesalzen) oder Ölsaaten	kleine Mengen Nüsse und Kerne im Müsli (Vorsicht bei den Kleineren Kindern mit ganzen Nüssen und Kernen, besser vermahlen)	

LEBENSMITTEL-GRUPPE	QUALITÄT UND ANGEBOT	PRAXISBEISPIELE	PORTIONS-GRÖSSE
Milch- und Milchprodukte	Täglich im Angebot		Ein Glas oder ein kleiner Becher, der in die Hand passt, die Scheibe Käse passt auf die Handfläche des Kindes
	Milch max. 3,8 % Fett	Trinkmilch, Mixgetränke ungesüßt und selbstbereitet, zum Müsli	
	Naturjoghurt max. 3,8 % Fett	pur, mit frischem Obst, als Dip oder Dressing	
	Speisequark max. 5 % Fett absolut	mit Kräutern, frischem Obst; als Dip und Brotaufstrich	
	Käse max. Vollfett 30 % Fett absolut	als Brotbelag, z. B. Tilsiter, Gouda, Camembert oder im Salat	
Fleisch, Wurst, Ei	Fleisch- und Wurstwaren als Belag max. 20 % (nicht täglich)	Möglichst Fleischwaren aus weißem Fleisch: Aufschnitt aus Geflügel, Kochschinken, Bierschinken	Ab und zu und nur so viel wie auf eine Kinderhandfläche passt
Fette und Öle	Rapsöl als Standardöl ab und zu Walnuss-, Lein-, Soja- oder Olivenöl	Salatdressing, Dips	
	Streichfette wie Butter sparsam einsetzen, bei Einsatz von Margarine, solche aus oben genannten Ölen	Besser Frischkäse als Brotaufstrich	
Getränke	Täglich Trinkwasser-, Mineralwasser	Auch aufgepeppt mit Früchten oder Kräutern Saftmischungen max. 1:3	
	Früchte-, Kräutertee ungesüßt	Hagebutten-, Kamille-, Pfefferminztee	

(Entsprechend den Empfehlungen aus: Deutsche Gesellschaft für Ernährung (DGE) (Hrsg.): DGE-Qualitätsstandards für die Verpflegung in Kitas, Bonn, 2020)

Wochenplan für das gesunde Frühstück in der Kita

	MONTAG	DIENSTAG	MITTWOCH	DONNERSTAG	FREITAG
1. Frühstück	Käsebrot mit Rohkost	Tigerhappen*	Schwedenmüsli	Cornflakesmüsli	Vollkornbrot mit Möhren-Apfelaufstrich*
2. Frühstück	Obstspieße mit bunten Dips und Zwieback	Vollkorntoast mit körnigem Frischkäse und Erdbeeren	Gemüsesticks mit Dips und Baguette	Knäckebrot mit gekochtem Schinken und Tomaten	Gemüsespieße mit Frischkäse und Brotchips

* siehe Beispielrezepte

TIPP

- Ein bunt gedeckter Tisch macht Spaß beim Frühstücken.
- Bestrichene Brote lassen sich mit verschiedenen Gemüsen zu lustigen Brotgesichtern gestalten:
  Nehmen Sie z. B. zwei Möhrenscheibchen als Augen, halbe kleine Kirschtomaten als Nase, Paprikastreifen als Mund und Schnittlauchröllchen als Wimpern.
- Brot mit Wurst und Käse sollte nur dünn belegt werden.
  Wählt man Streichwurst oder Weichkäse, kann man Butter oder Margarine weglassen, das spart Fett.

BEISPIELREZEPTE (FÜR 10 KINDER) ZUM WOCHENPLAN

Tigerhappen 200 bis 250 g Frischkäse natur
1 rote Paprika
500 g (2 Rollen) Pumpernickeltaler

Die Paprika der Länge nach in 2 Hälften schneiden. Stiel, Kerne und weiße Wände entfernen und die Hälften in Streifen und dann in feine Würfel schneiden.
Den Frischkäse mit den Paprikawürfeln verrühren und mit Paprikapulver abschmecken.
Die Pumpernickeltaler mit Frischkäse bestreichen und aufeinander setzen.

Möhren-Apfel-Aufstrich 1 kleine Möhre (etwa 75 g)
½ säuerlichen Apfel, z. B. die Sorte Boskop (etwa 75 g)
1 TL Zitronensaft
50 g Magerquark und 1 EL Crème fraîche
Jodsalz, weißer Pfeffer, frisch gemahlen
und ½ Bund Petersilie

Die Möhren waschen, dünn schälen und fein raspeln. Den Apfel waschen, vom Kerngehäuse befreien, schälen, vierteln und fein raspeln.
Die Apfelraspel sofort mit Zitronensaft beträufeln, damit sie schön hell bleiben.
Den Magerquark in einer Schüssel mit der Crème fraîche verrühren. Die Möhren- und Apfelraspel hinzufügen. Den Aufstrich mit Salz und Pfeffer pikant abschmecken.
Die Petersilie waschen und trocken schwenken, von den groben Stielen befreien und fein hacken.
Den Möhren-Apfel-Aufstrich mit Petersilie bestreuen.

5

5.3 Mehr Abwechslung in der Brotdose. Was gehört hinein?

FALLBEISPIEL

In der Kindertagesstätte „Sonnenblume“ ist die gesunde Ernährung konzeptionell festgeschrieben. Das 2. Frühstück – ein Obstfrühstück –, das Mittagessen und auch die Nachmittagsmahlzeit werden vom Kindergarten frisch, abwechslungsreich und gesund zubereitet. Nur für das Frühstück müssen die Kinder ihre von daheim gepackten Brotdosen mitbringen. Dabei fällt den pädagogischen Fachkräften immer wieder auf, dass sich viel zuckerhaltiges und ungesundes Essen in den Brotdosen befindet. Tim und Luca zeigen sich am Frühstückstisch freudig gegenseitig ihre Milchriegel und den gesüßten Fertigquark, bevor sie sie vergnügt zu sich nehmen. Auch Schokoladenbrötchen, Süßigkeiten, Kuchen und Trinkpäckchen werden täglich mitgeschickt.

Kinder essen mit allen Sinnen, sie mögen es bunt und abwechslungsreich, deshalb:

* Belegte Brote am besten in eine farbenfrohe Box verpacken
* Brot, Käse und Gemüse in Würfel schneiden und aufspießen (Achtung: keine Spieße mit spitzen Enden verwenden)
* Gemüse und Obst erst in der Kita aufschneiden lassen oder eine Extra-Dose verwenden
* Müslimischungen in fest verschließbare, bruchsichere Gefäße verpacken. Die Milch kann in der Einrichtung hinzugegeben werden
* Selbst hergestellte Milchprodukte wie Obstjoghurt oder Quark in kleine bunte verschließbare Becher füllen
* Am besten Dosen mit herausnehmbaren Trennwänden oder Fächern verwenden, so matscht nichts zusammen

... und das gehört in die Brotdose

OBST UND/ODER GEMÜSE ZU JEDER BROTZEIT	GETREIDEPRODUKTE SOLLTEN FAST IMMER DABEI SEIN	MILCHPRODUKTE AB UND ZU	WURST SELTEN
Sie bringen Farbe in die Mahlzeit und sind erfrischend.	Sie sind die Energiespender in einem ausgewogenen Frühstück.	Sie bringen Abwechslung in die Brotdose und liefern wertvolles Kalzium.	Ab und zu kann Wurst aufs Brot, am besten nur dann, wenn es sonst am Tag kein Fleischerzeugnis gibt.
Am besten sind regionale und saisonale Obstarten: Apfel, Birne, Erdbeeren, Nektarinen in Stücken, als Salat oder „verpackt" in Milchprodukten.	Belegte Brote (möglichst aus dem vollen Korn), Müslimischungen, selbst zubereitet, Brezeln, Zwieback, Knäckebrot	Schnittkäse, Frischkäse, Joghurt, Quarkdips, selbst gerührter Fruchtquark Aufstriche auf Frischkäsebasis, auch mal Milch, Kakao oder Buttermilch	Magere Wurstsorten wie Kochschinken, Putenburst, Bierwurst

Getränke werden am besten in der Tageseinrichtung zur Verfügung gestellt.

Am besten eignen sich ...
* Mineralwasser und leichte Saftschorlen (Verhältnis 1 Teil Saft – 3 Teile Wasser),
* fruchtige Drinks – frische Früchte mit Mineralwasser aufgefüllt,
* Früchte- oder Kräutertees ungesüßt oder nur leicht gesüßt.

MERKE

- **Süßes gehört nicht in die Tageseinrichtung, also auch nicht in die Mahlzeitenbox. Eine Ausnahme bilden besondere Anlässe.**
- **Auch gezuckerte Müslis, mit Schokolade oder Honig überzogene Frühstückscerealien, süße Kekse und Müsliriegel gelten als Süßes und sind für Frühstück und Zwischenmahlzeiten ungeeignet.**
- **Achten Sie auf die Zutatenliste fertiger Milch- und Frühstücksprodukte, hier versteckt sich mitunter viel Zucker: Je weiter vorne Zucker in der Zutatenliste steht, umso mehr ist davon enthalten** **(s. Seite 47; Kap. 2.9)**

- **Auch sehr fettreiche Produkte sind für eine ausgewogene Kita-Brotzeit eher ungeeignet: Wurstsnacks oder Croissants mit Schokolade oder Nougatcreme gefüllt gehören zum Beispiel dazu.**
- **Übrigens: Fertige süße oder sehr fettreiche Milchprodukte kann man mit mageren Naturprodukten „verlängern".**
- **Fruchtsäfte in Portionsbeuteln, gekaufte Eisteevarianten, Smoothies und Fruchtdrinks, Limonaden und andere süße Getränke haben nichts in der Brotbox zu suchen.**

TIPP

Formulieren Sie für Eltern nicht nur Verbote. Geben Sie Anregungen, z. B. über einen gemeinsamen Aktionstag „Meine gesunde Brotbox" oder gestalten Sie Fotowände mit Abbildungen von leckeren Früh-stücks-Brotboxen.

MONTAG	DIENSTAG	MITTWOCH	DONNERSTAG	FREITAG
Obst- und Gemüsespieße mit Quarkdip + eine Scheibe Vollkorntoast	Vollkornbrot mit Käse und Apfel	Rosinenbrötchen mit Weintrauben	Müslis mit Joghurt und Birne	Brotspieße mit Frischkäse, Gurken und Tomaten
3 Erdbeeren und je 3 Stück Apfel und Möhren, 2 Cocktailtomaten, 2 EL Quark mit 2 TL Milch glattgerührt	1 Scheibe Vollkornbrot mit etwas Butter, 1 kleine Scheibe Schnittkäse und 1 halber Apfel	1 halbes Rosinenbrötchen mit einer Kinderhandvoll kernlosen roten Trauben	3 EL Naturjoghurt (1,5 % Fett), 1 TL Müsli, 1 halbe Birne	1 Scheibe Vollkornbrot, 1 TL Frischkäse, 4 Cocktailtomaten, 4 Stück Salatgurke

5.4 Der Nachmittagsimbiss

Kinder, die bis zum Nachmittag in der Kita bleiben, sollten entweder nach dem Mittagsschlaf oder bevor sie abgeholt werden nochmal einen kleinen Imbiss bekommen. So gehen sie nicht hungrig nach Haus und quengeln als Erstes nach etwas zu essen. Am Abend haben sie dann wieder Appetit auf ein gemeinsames Familienessen.
Die Zusammenstellung und das Mengenverhältnis der einzelnen Lebensmittel im Nachmittagsimbiss ähneln dem kleinen Frühstück am Vormittag.

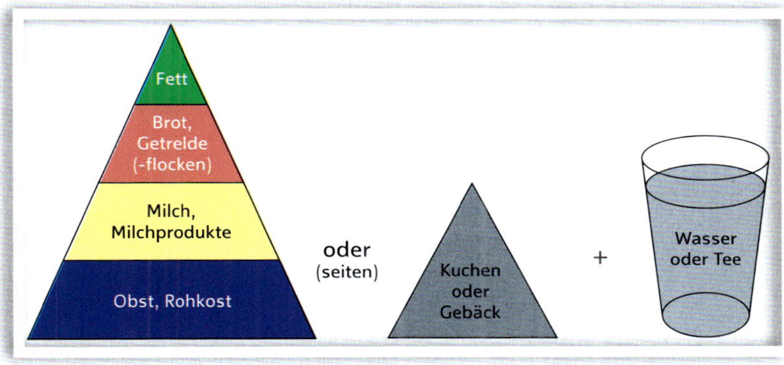

Beispiele für einen geeigneten Nachmittagsimbiss:

* Frisches Gemüse oder Obst als kleine Spieße angerichtet
* Vollkornkekse oder Vollkornzwieback
* Kleine belegte Brote
* Ein kleines Milchdessert
* Ab und an ein Stückchen Kuchen

Wochenplan für täglich zwei Zwischenmahlzeiten (kleines Frühstück + Nachmittagsimbiss)

MONTAG	DIENSTAG	MITTWOCH	DONNERSTAG	FREITAG
Müsli mit Obst: 30 g Müsli 125 ml Joghurt 60 g Weintrauben und Apfel	Käsebrot mit Tomate: 25 g Vollkornbrot mit mildem Käse, 5 g Butter und 1 kleinen Tomate	Wurstsandwich mit Äpfeln und Gurke: 25 g Vollkorntoast 10 g Bierwurst 40 g Apfel 20 g Gewürzgurke	Obst gedippt: 60 g Apfel und Birne + 50 g Quark und 10 ml Milch	Gemüsemikado: 60 g Paprika und Gurke 20 g Quark 10 ml Milch
45 g Rosinenbrötchen	Obst und Rohkost gespießt: 40 g Kiwi und Banane 40 g Karotte und Tomate	Fruchtmilch: 150 ml Milch und 50 g Obst der Saison püriert	Obstknäcker: 20 g Knäcke mit 5 g Butter und 60 g Banane	Brot mit Obst: 40 g Vollkornbrot, 60 g Kiwi und Erdbeeren

Rezeptidee: **Apfelschmaus** für 10 Kinder

- 1,25 kg Naturjoghurt
- 5 EL Orangensaft
- 2 ½ EL Zitronensaft
- 2 ½ EL Rohrohrzucker
- 3 kleine Äpfel
- 2 EL gemahlene Haselnüsse

Joghurt, Orangen- und Zitronensaft mit dem Rohrohrzucker cremig rühren. Den Apfel waschen und mit Schale in den Joghurt raspeln, alles vermischen und die gemahlenen Haselnüsse unterrühren.

TIPP

* Wenn die Möglichkeit besteht, ist es besser, den Nachmittagsimbiss in der Kita frisch zuzubereiten.
* Steckt der Nachmittagsimbiss in der Brotbox, sollten Gemüse und Obst im Ganzen bleiben, damit nicht so viele wertvolle Nährstoffe verloren gehen. Außerdem wird es sonst – über den ganzen Tag aufbewahrt – unansehnlich.
* Am besten bekommt der Nachmittagsimbiss eine kleine Extrabox und die Mahlzeitenkomponenten werden erst in der Kita zusammengefügt.

6 Praxis der Mahlzeitengestaltung in der Kita – das Mittagessen

Ganztagseinrichtungen müssen eine Mittagsmahlzeit anbieten. Egal, ob Sie dies in der eigenen Küche zubereiten oder eine Fremdküche nutzen, das Angebot sollte vielseitig, abwechslungsreich und auf die Bedürfnisse und Wünsche der Kinder abgestimmt sein. Prüfen Sie die Qualität regelmäßig, berücksichtigen Sie Hinweise und Kritik von Eltern und freuen Sie sich über ein positives Feedback. Binden Sie regelmäßig die Lieblingsgerichte der Kinder in die Speisenplanung ein.

FALLBEISPIEL

Die Kindertagesstätte „Pusteblume“ erhält ihr tägliches Mittagessen aus der trägereigenen Küche im circa 15 km entfernten Nachbarort. Das täglich frisch zubereitete und gesunde Mittagessen kommt gegen 11.00 Uhr in der Kindertagesstätte an. Bei der Ankunft wird in jedem Essensbehälter die Temperatur gemessen und protokolliert. Danach werden die Mahlzeiten entsprechend der Anzahl der Kinder für die jeweiligen Gruppen aufgeteilt und servierfertig gemacht.

Nach dem Einnehmen der Mahlzeit haben die Kinder und auch das Personal der Kindertagesstätte die Möglichkeit, ihre Zufriedenheit mithilfe eines Feedbackbogens der Küche mitzuteilen. Die monatliche Auswertung macht es dem Küchenpersonal möglich, Optimierungen, Wünsche, aber auch Kritik entgegenzunehmen und dementsprechende Änderungen vorzunehmen. Dadurch gelingt es, spezielle Essenswünsche der Kinder zu berücksichtigen.

6.1 Speisenplanung in der eigenen Küche

Eine gesunde warme Mahlzeit setzt sich aus folgenden Lebensmittelgruppen zusammen:

* Die Grundlage bilden kohlenhydratreiche Beilagen wie Kartoffeln, Nudeln oder Reis. Sie sorgen für neue Energie.
* Dazu gibt es eine große Menge Gemüse, möglichst frisch und saisongerecht.
* Ergänzt werden diese beiden Hauptkomponenten durch zweimal pro Woche Fleisch, einmal pro Woche Fisch und ein Ei-Gericht pro Woche. Mindestens ein warmes Gericht in der Woche sollte ganz ohne tierische Produkte auskommen.

* Als Nachtisch darf es eine kleine Speise auf Obst- und/oder Milchbasis sein, leicht und nicht zu süß. Nach einem ausgewogenen Mittagessen ist das nicht unbedingt nötig. Gerade für die Kleinsten ist das eher zu viel und gehört besser in den Nachmittagsimbiss.
* Unbedingt gehört aber auch zu dieser Mahlzeit ein möglichst zuckerfreies Getränk.

Bildlich dargestellt kann die mengenmäßige Verteilung der Lebensmittel so aussehen:

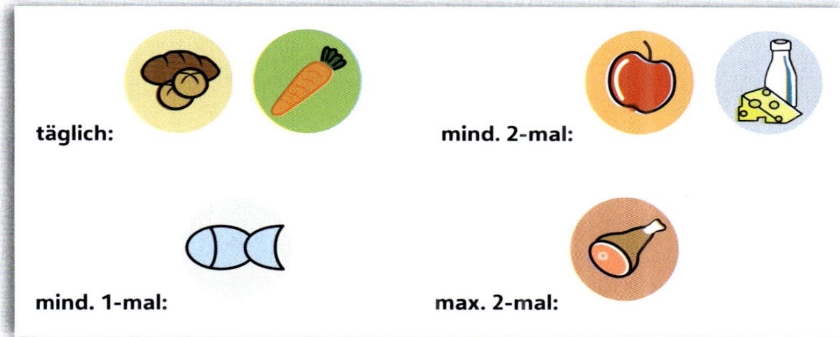

Für die Zusammenstellung von warmen Mittagsmahlzeiten können Sie folgende Anhaltswerte für die Lebensmittelmengen nutzen:

LEBENSMITTELGRUPPE	1 BIS UNTER 4 JAHRE	4 BIS UNTER 7 JAHRE
Getreide, Getreideprodukte, Kartoffeln		
Kartoffeln, Reis, Teigwaren oder Getreide	400 g/Woche	450 g/Woche
Gemüse		
Gemüse, gegart und roh	500 – 550 g/Woche* davon mind. 1 × Hülsenfrüchte 70 – 80 g/Woche*	600 bis 650 g/Woche* davon mind. 1 × Hülsenfrüchte 90 – 100 g/Woche*
Obst		
Obst	150 g /Woche	170 g/Woche
Milch und Milchprodukte		
Milch und Milchprodukte	120 g/Woche	140 g/Woche

LEBENSMITTELGRUPPE	1 BIS UNTER 4 JAHRE	4 BIS UNTER 7 JAHRE
Fleisch, Fisch, Wurst und Ei		
Fleisch und Wurstwaren**	30 g/Woche	35 g/Woche
Fisch**	35 g Seefisch/Woche	45 g Seefisch/Woche
Eier	1 Ei/Woche (incl. verarbeitetes)	1 Ei/Woche (incl. verarbeitetes)
Fette und Öle		
Öle	20 g/Woche	25 g/Woche

Die angegebenen Werte für die Lebensmittelmengen beziehen sich auf einen Tag bzw. auf eine Fünf-Tage-Woche.
** die höhere Menge gilt für das Angebot einer vegetarischen Menülinie*
*** entfällt in der vegetarischen Menülinie (Vgl. Deutsche Gesellschaft für Ernährung (DGE) (Hrsg.): Qualitätsstandards für die Verpflegung in Kitas, Bonn, 2020, S. 40/41)*

Als Orientierung für die Speisenplanung der eigenen Küche, aber auch zur Qualitätsbeurteilung von Fremdküchen eignen sich die folgenden Anforderungen an einen Speiseplan für fünf Verpflegungstage (formuliert nach den Qualitätsstandards für die Verpflegung in Kitas):

LEBENSMITTELGRUPPE	HÄUFIGKEIT PRO WOCHE/ FÜNF TAGE	BEISPIELE ZUR PRAKTISCHEN UMSETZUNG
Getreide, Getreideprodukte und Kartoffeln	5-mal	Pellkartoffeln, Salzkartoffeln, Kartoffelsalat, Kartoffeleintopf Reispfanne, Reis als Beilage, Lasagne, Couscous-Salat, Hirseauflauf, Grünkernbratlinge, Polentaschnitten
	davon – mind. 1-mal Vollkornprodukte	Vollkornteigwaren, Vollkornpizza, Naturreis
	– max. 1-mal Kartoffelerzeugnisse	Halbfertig- oder Fertigprodukte, z. B. Kroketten, Pommes frites, Kartoffelecken, Reibekuchen, Gnocchi, Püree, Klöße
Gemüse und Salat	5-mal	Gegarte Möhren, Brokkoli, Kohlrabi, Gemüselasagne, gefüllte Paprika (oder Zucchini), Erbsen-, Linsen-, Bohneneintopf, Wokgemüse
	davon mindestens 2-mal als Rohkost oder Salat	Tomatensalat, Gurkensalat, gemischter Salat, Krautsalat
	davon mindestens 1-mal Hülsenfrüchte	Linseneintopf, Kichererbsenbällchen, Chilli-sin-carne für Kid's

LEBENSMITTELGRUPPE	HÄUFIGKEIT PRO WOCHE/ FÜNF TAGE	BEISPIELE ZUR PRAKTISCHEN UMSETZUNG
Obst	mindestens 2-mal	Obst im Ganzen, geschnittenes Obst, Obstsalat
Milch- und Milchprodukte	mindestens 2-mal	in Aufläufen, Salatdressings, Dips, Soßen, Joghurt oder Quarkspeisen
Fleisch, Fisch, Wurst und Ei	1-mal Fleisch/Wurst	
	davon mindestens 2-mal mageres Muskelfleisch in 4 Wochen	Putenbrust, Hähnchenschnitzel, Hühnerfrikassee, Rinderroulade, Schweinebraten, Geschnetzeltes
	mindestens 1-mal Seefisch	Seelachsfilet, Fischpfanne
	davon 1-mal fettreicher Seefisch innerhalb von vier Wochen	Heringssalat, Makrele
Fette und Öle	Rapsöl ist Standardöl	
Getränke	stehen jederzeit zur Verfügung	Trink- und Mineralwasser, ungesüßte Früchte-, Kräutertees

(Vgl. Deutsche Gesellschaft für Ernährung (DGE) (Hrsg.): Qualitätsstandard für die Verpflegung in Kitas, Bonn, 2020, S. 40/41)

Wenn täglich zwei Gerichte zur Auswahl angeboten werden, kann immer eines davon fleischlos sein. Die Gerichte sollten sich innerhalb von vier Wochen nicht wiederholen.

Achten Sie außerdem bei der Auswahl und Zubereitung von Lebensmitteln auf folgende Aspekte:

- Obst und Gemüse frisch verarbeitet und saisonal wählen. Tiefgekühlte Ware Konserven vorziehen.
- Hochverarbeitete Produkte, wie z. B. Pommes frites, Kroketten oder Kartoffelpüree als Halbfertig- bzw. Fertigprodukt max. einmal pro Woche einsetzen.
- Nicht nur den fettarmen Varianten bei Milch, Milchprodukten und Fleisch Vorrang geben, auch fettarm zubereiten.
- Frittierte und panierte Produkte gibt es max. einmal pro Woche.
- Für die Zubereitung von Gemüse sind die schonenden Zubereitungsmethoden Dünsten und Dämpfen zu bevorzugen.
- Alternativangebote auch bei Lebensmittelunverträglichkeiten und Allergien ermöglichen.
- Einhaltung von Hygienevorschriften entsprechend Kap. 6.2.
- Speisen appetitanregend und kindgerecht anrichten.
- Regionale und kulturspezifische Essgewohnheiten berücksichtigen.

Alternativangebote

In Ganztagseinrichtungen, die kein warmes Mittagessen anbieten und in Tageseinrichtungen mit verlängerten Öffnungszeiten können kalte Hauptmahlzeiten und Snacks das Mittagessen ersetzen oder die Zeit bis zum Mittagessen zu Hause überbrücken.
Diese kalten Mahlzeiten können von zu Hause mitgebracht oder von der Tageseinrichtung angeboten werden:

Kartoffel-, Reis- oder Nudelsalat mit Gemüsebeilagen oder Brotmahlzeiten

Power-Burger
1 kleines Vollkornbrötchen aufschneiden. 1 Hälfte mit Tomatenmark bestreichen, mit einem Salatblatt, einer halben Scheibe Schnittkäse, 2 Scheiben Gurke und 2 Ringen einer gelben Gemüsepaprika belegen. Das Brötchen zuklappen und fertig ist der kleine Power-Burger.

HINWEIS

Zur Selbsteinschätzung Ihres derzeitigen Verpflegungsangebotes finden Sie unter https://www.fitkid-aktion.de/fileadmin/user_upload/medien/Checkliste_Kitaverpflegung.pdf eine Checkliste und bei „inform – Deutschlands Initiative für gesunde Ernährung und mehr Bewegung“ viele weitere Anregungen und Informationen (www.in-form.de).

6.2 Achtung Keime! Hygiene in der Kitaküche

Wenn wir für Kinder kochen, ist Sauberkeit und Hygiene oberstes Gebot. Auf Lebensmitteln, auf den Händen, in der Luft, auf Arbeitsgeräten in der Küche – überall befinden sich Mikroorganismen. Einige von ihnen können Krankheiten hervorrufen und dazu führen,

dass Lebensmittel verderben. Mit der richtigen Küchenhygiene vermeiden Sie, dass sich solche Erreger vermehren und zu einer Gefahr für die Gesundheit werden.
Für die Kita-eigene Küche gelten die Basishygieneregeln wie in allen Küchen der Gemeinschaftsgastronomie: persönliche Körperhygiene, sachgerechter Umgang mit Lebensmitteln und Sauberkeit am Arbeitsplatz.

Personalhygiene

- Körper und Kleidung in der Küche müssen sauber sein.
- Täglich frische Arbeitskleidung einschließlich Kopfbedeckung aus kochfesten Stoffen.
- Fingernägel möglichst kurz und natürlich sauber halten.
- Hand- und Körperschmuck in der Küche ablegen.
- Hände regelmäßig, mindestens vor der Arbeit, nach Toilettengang, nach Pausen und zwischen den Arbeitsgängen gründlich waschen und ggf. desinfizieren.
- Wunden abdecken.
- Bei Erkrankungen von Magen und Darm und bei Erkältungen sollte man keine Küchenarbeiten übernehmen.

Lebensmittelhygiene

- Prinzipiell nur einwandfreie Ware verarbeiten. Zu kühlende und schnell verderbende Lebensmittel müssen durchgehend gekühlt bleiben, also auch bei Transport und Anlieferung. Sie sollten zügig verarbeitet werden.
- Unreine und reine Arbeiten sind zu trennen. Das bedeutet, dass unverarbeitete, ungewaschene beziehungsweise rohe Lebensmittel nicht mit fertigen Speisen in Kontakt kommen dürfen.
- Hitze tötet die meisten Keime ab. Speisen sollten deshalb für mindestens 70 °C für 2 Minuten im Inneren des Lebensmittels erhitzt werden. Die Temperatur wird mit sogenannten Einstech- oder Fleischthermometern überprüft.
- Das Abkühlen von Speisen auf Kühlschranktemperatur (7 °C) sollte innerhalb von 2 Stunden erfolgen. Am besten größere Speisenmengen dazu in kleinere Behältnisse umfüllen.
- Warme Speisen bei mind. 65 °C warmhalten und ausgeben und nicht länger als 3 Stunden warmhalten.
- Kalte Speisen müssen bei max. 7 °C gelagert und ausgeben werden.

Hygiene und Sauberkeit am Arbeitsplatz

* Halten Sie Ordnung! Benutzte Arbeitsmittel und Lebensmittelvorräte gehören nach dem Gebrauch wieder an ihren Platz.
* Transportbehältnisse sowie Reinigungs- und Desinfektionsmittel gehören nicht in die Küche.
* Nach dem Kochen sind alle Geräte und Arbeitsmittel, die Arbeitsplätze, Arbeitsflächen und der Küchenfußboden zu reinigen.
* Kühlschränke und Vorratsschränke sollten in regelmäßigen Abständen gereinigt werden. Gehören zur Küche auch Lagerräume, so gilt für diese natürlich das Gleiche. Ein Reinigungsplan gehört in jede Küche.
* Wenn man frisches Fleisch und Eier verarbeitet, sollten Arbeitsplätze auch zwischendurch gereinigt werden.
* Abfälle sind nach Beendigung der Speisenzubereitung, nach Bedarf auch zwischendurch, in die dafür vorgesehenen Müllsammelbehälter zu entsorgen. Die Abfallbehälter in der Küche sollten danach gründlich gereinigt und gegebenenfalls desinfiziert werden.

(Ausführlicher finden Sie die wichtigsten Regeln zur Küchenhygiene im Leitfaden „Gute Hygiene-Praxis in Kita-Küchen", kostenpflichtig erhältlich unter www.bips.uni-bremen.de und in den Downloads des BZfE: https://www.bzfe.de/inhalt/hygieneregeln-in-der-gemeinschaftsgastronomie-32098.html)

6.3 Beurteilung von Fremdküchen

Nicht alle Einrichtungen verfügen über eine eigene Küche. Dann übernehmen Fremdküchen die Zubereitung und Anlieferung der Mittagsmahlzeit. Bevor man sich für einen Lieferanten entscheidet, sollte man sehr genau die Qualität der Speisen prüfen.

Erstellen Sie sich eine Checkliste, so können Sie möglicherweise auch mehrere Anbieter miteinander vergleichen:
Prüfen Sie die Lebensmittelauswahl mithilfe der Empfehlungen in Kapitel 6.1 und den Anforderungen an einen Speiseplan für fünf Tage.

Binden Sie folgende allgemeine Punkte in Ihren Check ein:

* Erfahrungen mit der Zielgruppe
* Orientierung an aktuellen ernährungswissenschaftlichen Empfehlungen (z. B. den DGE-Standards)
* Warmhaltezeiten einschließlich Transport
* Kennzeichnung von Allergenen und Zusatzstoffe im Speiseplan
* Angebot von Menülinien und vegetarischen Gerichten
* Sonderkost bei Lebensmittelallergien und -unverträglichkeiten wie z. B. Zöliakie
* Verzicht auf: Geschmacksverstärker, Süßungsmittel, Lebensmitteimitate
* Bestellzeitraum und Abrechnungsmodus
* Vorliegen eines betrieblichen Hygienekonzeptes
* zusätzliche Leistungen, z. B. Aktionswochen

Überlegen Sie, was Ihnen sonst noch wichtig ist.

* Veranstalten Sie ein ***Probeessen*** und/oder besuchen Sie den Caterer.
* Lassen Sie sich einen ***Musterspeiseplan*** vorlegen und vergleichen Sie diesen mit den oben genannten Kriterien zur Speisenplanung und -zubereitung.

Ergänzungen zum Mittagessen

* Wird das Mittagessen geliefert, können Sie evtl. die Gerichte durch kleine Angebote aufwerten:
  - Gemüserohkost,
  - Säfte,
  - zu Eintöpfen eine Scheibe Vollkornbrot.
* Vergessen Sie den kindgerecht gedeckten Tisch nicht.
* Prüfen Sie die Qualität regelmäßig, egal ob selbst hergestellt oder geliefert. Am besten die Kinder entscheiden selbst, z. B. mithilfe eines Kinderfragebogens (geeignet ab 4 Jahre).

Kinderfragebogen Mittagessen

Ich bin:

○ ○

○ ○ ○ ○ ○ ○ ○

Datum: __________

Insgesamt schmeckt mir das Essen (bitte ankreuzen) :

	Sehr gut	ok	Nicht gut
Suppe (mit Brötchen)			
Salat			
Fisch			
WurstFleisch			

Hier habe ich mein Lieblingsessen gemalt:

6.4 Was gibt's? Beispielwochenpläne und Rezepte für die Kita

Speiseplan für 10 Tage für die Mittagsverpflegung

1. WOCHE				
Montag	**Dienstag**	**Mittwoch**	**Donnerstag**	**Freitag**
Spaghetti mit Gemüsebolognese und geriebenem Käse und frisches Obst der Saison	Seelachsfilet in Sesampanade mit Bechamelkartoffeln und Rote-Bete-Salat, danach Himbeergötterspeise	Hühnerfrikassee mit buntem Gemüse von Möhren, Erbsen und Mais, dazu Vollkornreis, danach Mandarinenquark	Blumenkohl-Käse-Taler mit Salzkartoffeln und Petersiliensoße, Marillenkompott	Bunter Gemüseeintopf mit Grünkernklößchen, dazu Joghurt mit frischen Kirschen
2. WOCHE				
Montag	**Dienstag**	**Mittwoch**	**Donnerstag**	**Freitag**
Tortellini mit Spinatfüllung, Tomatensoße und Eisbergsalat mit Mandarinen	Putensteak mit gedünsteten Möhrchen und Kartoffelmus, dazu frische Erdbeeren	Bunte Reispfanne mit Lachsstreifen Mais, Paprika, Erbsen, dazu Rote Grütze mit Vanillesoße	Kaltes Gurkensüppchen, danach Kartoffelpuffer mit selbstgemachtem Apfelmus	Rote Linsensuppe mit Gemüsestreifen, danach Quarkknödel mit frischem Beerenobst

HINWEIS

Unter: https://www.fitkid-aktion.de/rezepte/speiseplaene/finden Sie nährstoffoptimierte Vierwochenspeisepläne für 1- bis 3- und 4- bis 6-Jährige mit einer umfangreichen Rezeptdatei. Die FIT KID Aktion ist ein Projekt der Deutschen Gesellschaft für Ernährung e. V.

REZEPTBEISPIELE

Eisbergsalat mit Orangenstücken (für 4 Kinder)

1 kleiner Eisbergsalat
2 Apfelsinen
100 ml Sahne
Saft von ½ Zitrone
Jodsalz und Pfeffer nach Geschmack
1 EL gehackte Sonnenblumenkerne

Den Salat von den welken Blättern befreien und waschen. Die groben Blattrippen und den Strunk entfernen. Nun den Salat in mundgerechte Stücke teilen.
Die Apfelsinen schälen, in Stücke schneiden und zum Eisbergsalat geben.
Aus der Sahne, dem Zitronensaft und den Gewürzen eine Marinade mischen und unter den Eisbergsalat ziehen.
Anstelle von Apfelsinen kann man den Eisbergsalat auch mit Erdbeeren oder Birnenstücken anrichten.

(Janthur, Gabriele / Tenberge-Weber, Ursula/Plitzko, Ursula: Bärenstarke Kinderkost, hrsg. von der Verbraucherzentrale Nordrhein-Westfalen, 14. Aufl. 2018, S. 140)

Kartoffel-Gemüse-Salat (für 4 Kinder)

750 g Kartoffeln (festkochend)
1 kleine Salatgurke (300 g)
1 grüne Paprika (200 g)
150 g Joghurt (1,5 %)
1 TL Senf
2 Zwiebeln
4 Tomaten (400 g)
150 g saure Sahne
1 EL Honig
2 – 3 EL gemischte Kräuter
Pfeffer, Paprika und Jodsalz

Die Kartoffeln waschen und mit Schale in einem großen Topf garen. Sobald das Wasser kocht, etwa 2 bis 3 min sprudelnd kochen lassen, dann den Deckel schließen und die Kartoffeln fertig garen lassen. Sie sollten noch ein wenig Biss haben. Kartoffeln kalt abschrecken und schnell abpellen.

Die Zwiebeln schälen und in kleine Würfel schneiden.
Die Salatgurke schälen und auf dem Hobel oder mit dem Küchenmesser in feine Scheiben schneiden.
Tomaten waschen, putzen und in Würfel schneiden.
Die Paprika waschen, längs halbieren und vom Stiel, den Kernen und den weißen Wänden befreien. Dann ebenfalls in Würfel schneiden.
Aus der sauren Sahne, Joghurt, Essig, Kräutern und Gewürzen eine Soße rühren und diese mit den Kartoffeln und dem Gemüse mischen.
Ruhig 1 Stunde durchziehen lassen.

(Janthur, Gabriele/Tenberge-Weber, Ursula/Plitzko, Ursula: Bärenstarke Kinderkost, hrsg. von der Verbraucherzentrale Nordrhein-Westfalen, 14. Aufl. 2018, S. 142)

Spaghetti mit Gemüsebolognese (für 4 Kinder)

240 g Vollkornspaghetti (roh)
½ Zwiebel
1 EL Rapsöl
150 g Lauch
200 g Möhren
200 g Zucchini
100 ml Gemüsebrühe
¼ Tube Tomatenmark
Salz, Pfeffer und Schnittlauch

Einen hohen Topf mit 1 ½ Liter Salzwasser aufsetzen. Sobald es kocht, die Spaghetti nach Packungsanleitung darin garen.
Die Gemüse waschen und putzen. Zwiebeln und Möhren schälen.
Zwiebeln, Zucchini und Möhren würfeln und den Lauch in Ringe schneiden.
Öl in einem flachen Soßentopf erhitzen, die Zwiebeln darin anschwitzen, die Möhren zufügen und kurz andünsten lassen.
Nun das Tomatenmark hinzufügen und mit Brühe ablöschen. Etwa 5 min auf kleiner Flamme köcheln lassen.
Zucchini und Lauch hinzufügen und schmoren, bis das Gemüse gar ist.
Es darf ruhig noch etwas Biss haben.
Die Soße abschmecken und über die Spaghetti geben, mit Schnittlauch garnieren.

Kohlrabischnitzel mit Kartoffelpüree (für 4 Kinder)

Zutaten für die Kohlrabischnitzel	4 Kohlrabi 150 ml Gemüsebrühe 2 EL Mehl 1 Ei 2 EL Semmelbrösel 2 EL geriebener Parmesankäse Salz und Pfeffer Etwas Öl zum Braten
Zutaten für 4 Portionen Püree	700 g Kartoffeln (mehlig kochend) 2 EL Butter 180 ml Milch (1,5 % Fett) Salz, Pfeffer, Muskat 1 Prise Zucker

Einen Topf mit passendem Dämpfeinsatz mit so viel Wasser füllen, dass der Dämpfeinsatz nicht im Wasser steht. In einem weiteren Topf die Gemüsebrühe erhitzen.
Die Kartoffeln mit dem Sparschäler schälen, waschen und in den Dämpfeinsatz legen. Deckel schließen, auf voller Heizleistung das Wasser zum Kochen bringen und dann auf der mittleren Stufe etwa 20 min fortkochen, bis die Kartoffeln weich sind.
Während die Kartoffeln garen, werden die Kohlrabi geschält und aus jedem etwa 3 cm dicke Scheiben geschnitten. (Die Enden können Sie zu Rohkost, Gemüsesticks oder als Brotbelag weiterverwenden.)
Die Kohlrabischeiben in der Gemüsebrühe zugedeckt bissfest garen (ca. 8 min), dann mit einer Schaumkelle herausnehmen und schön trockentupfen.
Nun werden die Kohlrabischeiben paniert. Zuerst in Mehl wenden, dann in Ei und dann in mit Parmesan gemischten Semmelbröseln.
Die panierten Kohlrabischnitzel in etwas Öl in der Pfanne von beiden Seiten knusprig backen.
Währenddessen sind die Kartoffeln gar. Abgießen und noch heiß durch die Kartoffelpresse drücken.
Milch erhitzen und nach und nach unter die Kartoffelmasse rühren.
Die weiche Butter unterrühren und mit Salz, Pfeffer und einer kleinen Prise Muskat würzen.

Schichtdickmilch mit Kirschen (für 4 Kinder)

4 Zwiebackscheiben
65 ml Kirschsaft (vom Sauerkirschkompott)
200 g Sauerkirschen (entsteint)
400 ml Dickmilch oder Naturjoghurt (1,5 %)
3 EL Schokostreusel

Den Kirschsaft in eine Rührschüssel geben und den Zwieback hineinbröseln. Etwas ziehen lassen.
Die Kirschen unter die Brösel mischen.
In die Anrichteschalen werden nun abwechselnd die Kirschbrösel und die Dickmilch geschichtet.
Zum Schluss kommen die Streusel über die Schichtspeise.

(Deppe, Eva: optimiX® Kochbuch für Kinder – Rezepte für Kinder nach Empfehlungen des Forschungsinstituts für Kinderernährung. Forschungsinstitut für Kinderernährung Dortmund 2008, S. 45)

Himbeer-Buttermilchkaltschale (für 4 Kinder)

250 g Himbeeren
1 EL Zitronensaft
550 ml Buttermilch
2 EL Zucker
40 g Vollkornhaferflocken
2 EL Kokosraspel

Frische Himbeeren vorsichtig in stehendem Wasser waschen und putzen.
Gefrorene Himbeeren auftauen lassen.
Ein paar Himbeeren zur Dekoration beiseitelegen. Die restlichen Himbeeren mit dem Saft einer frischen Zitrone pürieren.
Die Buttermilch, Zucker und die Vollkornhaferflocken zugeben und alles nochmals gründlich pürieren. Die Haferflocken sollten ganz fein sein.
Die Hälfte der Kokosraspeln unterrühren.
Die Kaltschale in Suppenteller füllen und mit den restlichen Himbeeren und Kokosraspeln garnieren.
Wenn die Kaltschale noch 1 Stunde kühlgestellt wird, ist sie an heißen Sommertagen besonders erfrischend. Außerdem dickt sie dann leicht an.

(Deppe, Eva: optimiX® Kochbuch für Kinder – Rezepte für Kinder nach Empfehlungen des Forschungsinstituts für Kinderernährung. Forschungsinstitut für Kinderernährung Dortmund 2008, S. 47)

7 Aktionen rund ums Essen

Feste und Geburtstagsfeiern gehören zum Kita-Alltag. Klar darf es auch mal der selbstgebackene Kuchen oder ein süßes Geschenktütchen sein. Prinzipiell aber sollten die Lebensmittel, die zu einer gesunden, ausgewogene Kinderernährung gehören, auch bei den vielen kleinen und großen Festivitäten nicht vergessen werden. Im Folgenden ein paar Anregungen, die Sie bestimmt mit vielen Ideen von Eltern, Kindern und Kita-Mitarbeitern ergänzen können.

7.1 Komm, wir frühstücken: Planung eines Auftaktfrühstücks

FALLBEISPIEL

Nach Gesprächen im Team und dem Wunsch vieler Eltern haben Sie beschlossen, das erste und/oder zweite Frühstück in der Kita zuzubereiten. Sie haben viele Informationen gesammelt und eine Ernährungsberaterin ins Boot geholt. Diese bereitet seit einiger Zeit einmal in der Woche ein gesundes Frühstück mit den Kindern zu. Ringsherum haben Sie gemeinsam mit ihr viele spielerische Aktivitäten zum Thema gesundes Frühstück eingebunden. Nun planen Sie einen Elternabend und ein Auftaktfrühstück.

Einladung zum Elternabend

Einladung Fit und gesund durch den Tag

Liebe Eltern,

vielseitig, bekömmlich und einfach zubereitet, so sollte das Essen und Trinken für unsere Kinder sein. Gemeinsam mit Ihnen werden wir künftig ....

Am .... wollen wir mit unserer großen Frühstücksparty einen Anfang machen ....

Das Kita-Team und die Ernährungsexpertin .... laden Sie deshalb im Vorfeld zu einem Elternabend am ... ein. Informationen zur gesunden Kinderernährung und praktische Tipps zur Frühstücksgestaltung .... sowie unsere Vorschläge zur künftigen Essensgestaltung in unserer Kita werden Themen sein ...

Wir freuen uns, Sie zum Treffen begrüßen zu dürfen.

am ______________________ um ___________________ Uhr

Im Kindergarten ____

Über Ihre Rückmeldung freuen wir uns sehr.

Mit vielen Grüßen

Das Kindergarten-Team

____

Rückmeldung bitte Ihrem Kind mitgeben

Ich komme/wir kommen zum Elternabend ☐ ja ☐ nein

Name: ____

Unterschrift: ____

To-do-Liste zum Auftaktfrühstück

Was Sie alles brauchen können:
- Tischdeko
- Buffetschilder, Frühstückskarten
- Spiele
- Musik
- Rezepte

Und so könnte es gehen:

* Bereiten Sie mit den Kindern je nach Möglichkeit Rezepte vor oder lassen Sie die Eltern vorbereiten.
* Basteln Sie mit den Kindern Buffet- und Tischkarten oder kleine Frühstücksets (siehe Kapitel 3).
* Gestalten und dekorieren Sie mit den Kindern Buffet und Tische.
* Denken Sie sich einen Auftakt oder Abschluss mit Liedern und Geschichten aus.
* Schaffen Sie eine Spielecke mit den vorbereiteten Spielen und Materialien rund ums gesunde Frühstück.

Aktionen im Vorfeld – Beispiele

* Wie viele Portionen dürfen es sein? Basteln Sie mit den Kindern Portionskärtchen (siehe Ernährungspyramide Kapitel 2), diese könnten dann als Orientierung auf dem Frühstücksbuffet stehen.
* Lernen Sie mit den Kindern ein kleines Gedicht zum Frühstücksauftakt:
* Entwerfen Sie mit den Kindern ein Frühstücksmandala mit ihren Lieblingslebensmitteln. Lassen Sie die „Kleinsten“ ausmalen. Oder jedes Kind zeichnet seine Frühstückswünsche und Sie besprechen diese.
* Basteln Sie mit den Kindern ein Lebensmittel-

Rabulan, der Riese

Rabulan, der Riese,
isst so gern Gemüse.
Er sagt: „Gemüse ist gesund!“
und verzehrt aus diesem Grund
täglich einen Haselstrauch
und ein Fuder Rüben auch,
einen Kürbis obendrein;
denn er will bei Kräften sein.
Bei Ferdinand und Lieschen tun's
Äpfel, Salat und Radieschen!

(Guggenmos, Josef: Was denkt die Maus am Donnerstag, Weinheim/Basel, 1998)

Memory, mit Lebensmitteln, die in der Frühstücksbox stecken: Solche, die „stark“ und solche, die „schlapp“ machen, und lassen Sie die Kinder richtig zuordnen.

Lebensmittel-Memory

Sie brauchen selbst gebastelte Lebensmittelkarten, die entsprechend ihrem gesundheitlichen Wert grün oder rot umrandet sein können. Mit diesem Spiel fördern Sie nicht nur Erinnerungsvermögen und Konzentration. Sie können Essgewohnheiten des Kindes erkennen und Informationen einbinden.

Lassen Sie die Kinder die Karten selbst basteln. Es eignen sich Holzvierecke, einfaches Papier, das sie später laminieren, oder Pappkarton. Die Kinder bemalen oder bekleben die Karten selbst. So können Sie nach und nach viele Kartenpaare herstellen und das Memory variieren.

Spielanleitung:
Je nach Alter kann das Spiel aus bis zu 24 Kartenpaaren bestehen. Es eignet sich für zwei bis sechs Kinder. Ziel des Spiels ist es, möglichst viele zusammengehörige Kartenpaare zu gewinnen.

* Zuerst alle Karten gemischt und verdeckt (mit der Rückseite nach oben) auf einem Tisch verteilen.
* Nun darf jedes Kind reihum zwei Karten aufdecken. Passen die Karten nicht zusammen, werden sie an derselben Stelle belassen und wieder umgedreht.
* Werden zwei gleiche Karten aufgedeckt, hat das Kind diese Karten gewonnen und darf sie damit behalten. Es darf gleich noch einmal zwei Karten aufdecken.
* Das Spiel ist beendet, wenn alle Kartenpaare gefunden worden sind. Sieger ist das Kind mit den meisten Karten.
* Lassen Sie die Kinder beim Spiel Fragen beantworten, z. B.: Welches Lebensmittel erkennst du auf der Karte? Sollten wir viel oder wenig davon essen? Magst du es?

Weitere Spielideen finden Sie im Kapitel 8. Lassen Sie Ihrer Fantasie freien Lauf, sicher haben Sie noch viele, viele Ideen.

REZEPTBEISPIELE

Bunter Muntermacher

für 16 Gläser	800 g	TK-Wald-Beeren (auch gefroren)
	200 g	Zucker
	2 Liter	Milch (1,5 % Fett)
	4 Spr.	Zitronensaft
	Pr.	gemahlenen Zimt

Die gefrorenen Beeren in einer Schüssel auftauen. Den Zucker hinzugeben und erst einmal 200 ml Milch. Alles mit einem Mixstab oder in einer Küchenmaschine gut pürieren. Die restliche Milch hinzugeben, nach Geschmack Zitronenspritzer und Zimt hinzufügen und alles noch mal kräftig durchmixen.

Frühstücksspieße

10 Spieße	5 Scheiben Vollkornbrot
	50 g Frischkäse
	20 kleine Würfel Schnittkäse
	Radieschen und gelbe Paprika

Brot mit Frischkäse bestreichen und mit einer Scheibe Schnittkäse bedecken. In kleine Quadrate schneiden. Radieschen in Scheiben und Paprika in Würfel schneiden und alles abwechselnd auf Holzspieße stecken.

Frühstückskarte fürs Auftaktfrühstück

Unser gesundes Kita-Frühstück

Tigerhappen
Frischkäse mit frischen
Paprikawürfeln auf Pumpernickeltalern

Knabberspaß mit Obst und Gemüse
Gemüsesticks mit Kräuter- und
Tomaten-Joghurt-Dip
Obstspieße mit Bananen- und Joghurt-Dip

Bunter Muntermacher
Milchshake mit Waldbeeren

... und was es noch so gibt:
Brot und Käse aus Ausstechförmchen
Selbstgemachte Marmelade auf Vollkorntoast

(entworfen von Schülerinnen der SCHKOLA ergodia Zittau)

7.2 Kinderfeste mit Genuss

Vogelhochzeit, Fasching, Sommerfest, Erntedank, Halloween, Weihnachten: So geht's durch Jahr. Fast jeden Monat gibt es irgendetwas zu feiern. Probieren Sie dabei einfach mal etwas anderes als Würstchen und Co.

TIPPS

* Verpacken Sie gesunde Sachen kindgerecht und lecker.
* Richten Sie gesunde Gerichte und kleine Snacks fantasievoll an.
* Finden Sie passende Speisen und Namen zum Thema des Festes.

  Für die Seeräuberparty zum Sommerfest zum Beispiel:

SÜDSEEPALMEN AUF EINSAMEN KARTOFFELINSELN

Vorgekochte Pellkartoffeln im Ofen bei ca. 180 °C ca. ½ Stunde backen. Kräuterquark aus einer Hälfte Quark und einer Hälfte Joghurt herstellen. Glattrühren, mit frischen Kräutern mischen und in die aufgeschnittene Kartoffel füllen. In die Mitte eine kleine Stange Lauch stecken, die im oberen Teil so eingeschnitten wird, dass sie auseinanderfächert und wie eine Palme aussieht. Fertig ist die leckere Pirateninsel.

* Verzichten Sie auf Snacks mit viel Fett und überzuckerte Speisen. Wählen Sie:

Möhrenmuffins	statt	Amerikaner
Quarkkuchen	statt	Schokonusstorte
Lustige Vollkornbrotgesichter mit Gemüse	statt	Salamibrötchenhälften
Selbstgebackene Minipizzas	statt	Grillwürstchen
Beerengrütze	statt	Götterspeise
Kinder-Früchtepunsch	statt	Brause
Brezeln oder selbstgemachtes Popcorn	statt	Chips + Kräcker

* Binden Sie die Kinder bei den Vorbereitungen ein. Sie können kleine Bratlinge formen, Gemüsemännchen bauen und bunte Fruchtspieße für farbenfrohe Mixgetränke zusammenstecken.
* Vergessen Sie die Feste nicht, die für Kinder mit Migrationshintergrund wichtig sein können: z. B. den Tag des Kindes am 23. April in der Türkei. Nutzen Sie die Kulturenvielfalt für gemeinsame Aktionen mit internationalen Speisen.

* Lassen Sie die Eltern mitgestalten, mit Ideen und praktischer Unterstützung:
  Wollen Sie den meist typischen Speisen, die Eltern mitbringen oder mitgeben, wie Würstchen, Kuchen, Keksen und Kartoffelsalat, etwas entgegensetzen, geben Sie Anregungen. Eine Liste mit Vorschlägen für gesunde Köstlichkeiten, wie im Beispiel unten, ist dafür eine Möglichkeit. Fügen Sie die Rezepte zum Mitnehmen am besten gleich bei, das erhöht die Neugierde und Bereitschaft, etwas auszuprobieren. Oder nutzen Sie einen Elternabend für die gemeinsame Suche nach neuen Ideen und Alternativen.

Elterninformation

Liebe Eltern,

am 4. Juli findet unser alljährliches Sommerfest statt und: „Ein Fest ohne Essen und Trinken ist wie eine Bootsfahrt ohne Boot."

In diesem Sinne würden wir uns über Eure Unterstützung freuen. Tragt Euch in die folgende Liste ein. Im Infokasten verstecken sich die Rezeptkarten.

Was	Name
Kleine Nudelnester	
Gemüsesticks mit bunten Dips	
Gemüsemuffins	
Melonenbowle	
Minigemüsepizzen	
Haferkekse	
Gefüllte Tomaten mit Couscous	
Beerige Pfannkuchenspieße	
....	

ZWEI REZEPTKARTEN

Kleine Nudelnester (für 10 Förmchen)

1	kl. Zwiebel	200 g	Blattspinat (tiefgekühlt)
1	Knoblauchzehe	160 g	Spaghetti
10	ml Rapsöl		Salz, Pfeffer
320	ml Milch	100 g	Mini-Mozzarellakugeln
2½	Eier	160 g	Kochschinken mager

Zwiebeln und Knoblauch schälen und fein würfeln. Sind viele kleinere Kids U3 in der Kita, verzichten Sie auf Knoblauch und verringern Sie die Zwiebelmenge. Öl in einem Topf erhitzen. Zwiebel und Knoblauch darin andünsten. Spinat und 4 EL Wasser zugeben. Zugedeckt bei schwacher Hitze ca. 15 Minuten dünsten, dabei ab und zu umrühren.

Inzwischen die Spaghetti in 1½ Liter kochendem Salzwasser (ca. 1 TL Salz pro Liter) nach Packungsanweisung garen. Abgießen, kalt abschrecken und abtropfen lassen.

Die Mulden eines Muffinbleches (10 Mulden) fetten.

Schinken in dünne Streifen schneiden. Milch und Eier verquirlen. Mit Salz und Pfeffer würzen. Den Spinat ausdrücken, sonst werden die Muffins zu flüssig, mit Salz und Pfeffer würzen. Den Backofen vorheizen (Umluft: 150 °C). Nun Nudeln, Schinken und Spinat mischen und in die Mulden verteilen. Eiermilch darübergießen. Mozzarella abtropfen lassen und jede Kugel halbieren. Auf den Nudeln verteilen. Im heißen Ofen 20–30 Minuten goldbraun backen.

Bevor Sie die Muffins aus den Mulden lösen, kurz abkühlen lassen.

Beerige Pfannkuchenspieße (10 Spieße)

10 kleine Schaschlickspieße und Beerenobst
200 g Mehl
1,5 Tl Backpulver

7

½ TL Salz
40 g Zucker
200 ml Milch
2 Eier
Vanillearoma (nach Geschmack) etwas
Öl zum Ausbacken

Trockene Teigzutaten miteinander vermengen. Feuchte Zutaten gut miteinander verrühren.

Beides zusammenfügen und zu einem glatten Teig verrühren und kurz ruhen lassen.

Derweil die Beeren waschen. Es geht natürlich auch anderes Obst, das dann in kleinere Stücke geschnitten werden muss. Öl in einer Pfanne erhitzen und mit einem Löffel kleine Häufchen in die Pfanne geben.

Wenn sich an der Oberseite kleine Bläschen bilden, wird es Zeit, die Kuchen zu wenden.

Die fertigen Mini-Pfannkuchen im Wechsel mit den Beeren oder Obststücken aufspießen.

Hygiene bei Festen und Feierlichkeiten

① Achtung Salmonellengefahr: Keine Speisen mit rohen Eiern, die nicht ausreichend erhitzt wurden, z. B.:

* Salate mit selbst hergestellter Mayonnaise aus rohen Eiern
* Süßspeisen mit Eigelb oder Eischnee (z. B. Tiramisu)
* Kuchen und Torten mit nicht durchgebackener Füllung oder Auflage mit rohem Ei (z. B. Cremetorten)
* Selbst hergestelltes Speiseeis

② Verzicht auf rohes Fleisch, hier tummeln sich verschiedene krankmachende Mikroben:

* Kein Mett und Tatar
* Vorsicht vor allem bei Geflügelfleisch, immer gut durchgaren!

③ Tabu für Roh- oder Vorzugsmilch
- * In Kindertageseinrichtungen darf rohe, nicht wärmebehandelte Milch prinzipiell nicht angeboten werden!

④ Vorsicht Eis!
- * Nur originalverpackt und in geschlossener Verpackung
- * Sicher in einer Kühlbox transportieren: Es darf nicht antauen!

⑤ Lebensmittelhygiene, es gilt:
- * Ausreichendes Mindesthaltbarkeitsdatum (MHD) bei mitgebrachten Speisen
- * Zum Erhalt der Kühlschranktemperatur für 1 bis 2 Stunden folgende Lebensmittel nur gekühlt und in geschlossenen Packungen in die Kita transportieren:
  - Joghurt, Quark, Pudding und andere Milchspeisen
  - Nachspeisen
  - Kuchen mit einer Füllung, die nicht mitgebacken wurde
  - Wurst und Käse
  - Feinkost-Salate

⑥ Frische zählt
Alle selbst hergestellten Speisen, die mit in die Kita gebracht werden, sollten am Tag des Verzehrs frisch zubereitet werden.

TIPPS

- * Damit alle bei Festen helfen können und kein Kind mit Bauchweh nach Hause geht, informieren Sie Eltern z. B. mithilfe von Aushängen oder Elternbriefen über diese prinzipiellen Hygieneanforderungen.
- * Bitten Sie, wenn das Kind zu Ihnen in die Kita kommt, die Eltern um ihr schriftliches Einverständnis, dass ihr Kind mitgebrachte Lebensmittel verzehren darf.
- * Informieren Sie sich selbst verbindlich bei dem für Sie zuständigen Amt für Lebensmittelüberwachung.

Übrigens: Im Krankheitsfall liegt die Verantwortung bei den Personen, die die Lebensmittel ausgeben.

7

7.3 Der Geburtstagstisch

FALLBEISPIEL

Tim wird fünf Jahre alt und feiert seinen Geburtstag mit seiner Kindergartengruppe in der Kindertagesstätte. Zusammen mit der Erzieherin Anna spricht Tims Mutter die Bedingungen/Vorgaben für die gemeinsame Party mit der Kindergruppe ab. Im Kindergarten ist es üblich, dass das Geburtstagskind zu seiner Feier das zweite Frühstück für die gesamte Kindergartengruppe ausgibt. Da in der Einrichtung viel Wert auf gesunde Ernährung gelegt wird, werden alle Eltern am Elternabend darauf hingewiesen, möglichst zu den Geburtstagsfeiern gesunde Zubereitungen mitzubringen. Aufgrund dessen spricht sich Tims Mutter mit der Erzieherin Anna ab, ob ihr Vorschlag, Obstspieße und Gemüsesticks mit Dip mitzuschicken, bei den Kindern gut ankommt und dem Konzept der Einrichtung entspricht. Anna ist über den Vorschlag der Mutter erfreut und der Geburtstag von Tim wird ein Schmaus für die ganze Gruppe.

Zu einem richtigen Geburtstag gehören Kuchen und Süßes. Schon okay. In der Umsetzung gibt es dann zu Hause Kuchen und Süßes, Oma und Opa kommen mit Süßem und dann noch die Kita? Da kommen dann schon mal Mengen zusammen und die Attraktivität von Süßem steigt durch den Aspekt des Besonderen, genauso übrigens wie bei einem strikten Verbot.

Natürlich soll der Geburtstag etwas Besonderes sein. Aber damit der Tag ein tolles Erlebnis wird, braucht es nicht unbedingt einen Riesenberg an Süßigkeiten. Rücken Sie das Kind mit kleinen Dingen in den Mittelpunkt: durch einen Geburtstagsstuhl, eine Krone, einen festlich gedeckten Tisch oder ein Geburtstagsgedicht, das Lieblingsgericht oder eine Märchenstunde.

TIPP

Damit Eltern, Erzieher und Kinder wissen, wann ein Geburtstag ansteht, ist für gemeinsame Absprachen und Vorbereitungen ein Geburtstagskalender eine gute gestalterische Idee.

Eine Möglichkeit ist der Geburtstagsbaum. Die Blüten, die am Baum hängen, sind die Geburtstagskinder, die noch mit ihrem Geburtstag dran sind in diesem Jahr. Jedes Kind kann seine Lieblingsfrucht wählen, selber zeichnen und ausschneiden und z. B. ein Foto von sich hineinkleben. Im Erntekörbchen daneben stecken die Früchte der Kinder, die bereits Geburtstag hatten, oder Früchte zum Aussuchen für die Kleinsten in der Gruppe.

Geburtstagsessen

Die gemeinsamen Mahlzeiten gehören natürlich zu einer Geburtstagsparty auch im Kindergarten dazu.

* Zum **Frühstück** wird für Geburtstagskind Eddi erst mal gemeinsam ein flotter „Schlitten" gebaut:

REZEPT: „RENNAUTO"

2 Möhren, zwei Zahnstocher

Die Möhren mit dem Sparschäler schälen. Aus der anderen 4 runde Scheiben schneiden, das werden die Räder des Autos. Aus der noch ganzen Möhre ein Rennauto schnitzen. Die vier Räder mit Zahnstochern feststecken. Die Spitzen der Zahnstocher wegen der Verletzungsgefahr abrunden.

* Zum **Mittagessen** gibt es das Lieblingsgericht des Geburtstagskindes. Am Tisch erhält es einen Ehrenplatz. Geschmückt werden kann mit Luftballons, Luftschlangen, bei größeren Kindern mit Kerzen.

* Als Zwischenmahlzeit gibt's den Geburtstagskuchen. Meist bringen ihn die Eltern mit in die Kita. Einigen Sie sich auf weniger süße Alternativen. Auch hier können kleine Rezeptkarten (siehe Kap. 7.2) bei der Ideenfindung helfen. Sammeln Sie gemeinsam mit Eltern die tollsten Rezepte in einer Rezeptkartenbox.

Mini-Obst-Törtchen (12 Stück)

12 kleine Waffelbecher
120 ml Milch
Vanillepuddingpulver entsprechend der Milchmenge (ca. 10 g)
35 g Zucker
Obst nach Wahl

Zunächst den Pudding nach Packungsanweisung zubereiten. Ein wenig Milch mit Pulver und Zucker mischen, den Rest der Milch aufkochen; beides verrühren; bei mittlerer Hitze dick werden lassen und weiterrühren. Nun den fertigen Pudding noch warm in die Förmchen füllen und darin abkühlen lassen.

Die Becher mit leckeren Früchten verzieren!

Süße Zucchinimuffins (12 Stück)

225 g Vollkornmehl
1 EL Backpulver
½ TL Salz
1 TL Zimt 175 ml Milch
2 Eiweiß verquirlt
4 EL Pflanzenöl
4 EL Honig
125 g geraspelte Zucchini

Ofen auf 190° C vorheizen. Muffinform mit Papierförmchen auskleiden.

Mehl, Backpulver, Salz und Zimt gut vermischen.

Milch, Eiweiß, Öl, Honig und geriebene Zucchini vermischen. Mischung unter die trockenen Zutaten rühren, bis ein gleichmäßig feuchter Teig entsteht. Der Teig sollte zäh und dickflüssig sein. Muffinform zu zwei Dritteln mit dem Teig füllen.

Im vorgeheizten Ofen 20 Minuten backen, bis die Muffins leicht gebräunt sind. Liebevoll verziert werden die Muffins auch zum Augenschmaus.

8 Ernährungserziehung im Kitaalltag

„Schlechte Esser werden nicht geboren, sondern erzogen.“

Prinzipiell ist Essen und Trinken ein körperliches Grundbedürfnis. Es sichert Leben und Überleben eines jeden Menschen. Hunger und auch Sättigung sind angeborene Körpergefühle, ein Säugling saugt reflexartig, um Nahrung aufzunehmen. Was und wie wir jedoch essen und trinken, lernen wir, wie andere Verhaltensweisen auch.

Je mehr Zeit Kinder in einer Tageseinrichtung verbringen, desto wichtiger werden die Erfahrungen, die sie dort machen, und desto größer sind deren Einfluss auf das künftige Ernährungsverhalten.

8.1 Ziele der Ernährungserziehung

MERKE

Unter Ernährungserziehung versteht man alle erzieherischen Maßnahmen, die ein gesundes Ernährungsverhalten zum Ziel haben. Ernährungserziehung umfasst sowohl die Befähigung zum selbstständigen Essen und Trinken als auch die Vermittlung von theoretischem Wissen über Ernährung und praktische Fertigkeiten beim Umgang mit Lebensmitteln.

Die Kindergartenzeit und der Kindergarten als Erziehungsort sind ideal, um das Essverhalten von Kindern positiv zu beeinflussen und Alltagskompetenzen zu vermitteln und zu erweitern. Hier in der Kita und beim Zusammensein mit Gleichaltrigen werden Essgewohnheiten beobachtet und zum Teil übernommen. Aus den Erlebnissen und Erkenntnissen aus diesem Umfeld und dem Wissen und den Erfahrungen, die zu Hause erworben werden, kombiniert sich in den frühen Kinderjahren künftiges Ernährungsverhalten. Oft verändert sich an den grundlegenden Gewohnheiten beim Essen und Trinken und der Auswahl der Lebensmittel in den kommenden Jahren und bis ins hohe Alter dann nur noch wenig.

Vergessen Sie bei Ihrer Erziehungsarbeit nie die Partnerschaft mit den Eltern, denn Sie tragen gemeinsam die Sorge für die gesunde Entwicklung des Kindes. Die Unterstützung der Familie ist eine wesentliche Grundlage für den Erfolg Ihrer Arbeit. Bei gemeinsamen Aktionen und Veranstaltungen können Sie die Kompetenz der Eltern nutzen und gegenseitiges Vertrauen schaffen.

Die Ziele der Ernährungserziehung im Einzelnen

- Eigenständig essen und trinken lernen
- Wahrnehmung von Hunger und Sättigung fördern
- Esskultur entwickeln, dazu gehören:
  - Tisch- und Essmanieren
  - Essregeln und Essrituale
  - Entfaltung der Sinne und Genussfähigkeit
  - Wertschätzung von Lebensmitteln
- Vielfalt der Lebensmittel und Speisen kennenlernen
- Mitverantwortung für die eigene Ernährung entwickeln
- Gesundheitsbewusst essen und trinken

Möglichkeiten der Ernährungserziehung

Ernährungserziehung lässt sich zum einen in die alltäglichen Handlungen einbeziehen. Dazu bieten die täglichen Mahlzeiten in den Einrichtungen viele Möglichkeiten:

* Bei den gemeinsamen Mahlzeiten lernen die Kinder selbstständig zu essen und zu trinken.
* Sie lernen neue Lebensmittel kennen und entwickeln Tischmanieren. Übernehmen Sie eine Vorbildrolle.
* Tätigkeiten rund ums Essen helfen den Kindern, auch später im Haushalt Aufgaben zu übernehmen und ein Selbstverständnis dafür zu entwickeln. Wenn Kinder mitmachen dürfen, lernen sie am besten.
* Die Einbeziehung in die Vor- und Nachbereitungen der Mahlzeiten fördert die Selbstständigkeit der Kinder, ihr Selbstbewusstsein und vor allem die Wertschätzung von Lebensmitteln und der Arbeit anderer.
  - Lassen Sie die Kinder selbst den Tisch auf- und abdecken. Erklären Sie ihnen, welches Besteck für was benutzt wird. Zeigen Sie ihnen, wo das Messer und die Gabel hingehört. Zählen Sie gemeinsam die einzelnen Gedecke mit den Fingern ab.
  - Kinder haben viel Freude an einem geschmückten Tisch. Basteln Sie mit den Kindern kleine dekorative Elemente.
  - Wenn die Möglichkeiten vorhanden sind, kann man Kinder ab und zu oder im Rahmen von Aktionen bei der Zubereitung von Speisen helfen lassen, das macht ihnen besonders viel Spaß. Kleine Dinge für Zwischenmahlzeiten sind auch ohne großen Raum- und Geräteaufwand möglich (siehe Kap. 8.2)
  - Und auch die Aufräumarbeiten gehören dazu. Noch machen Kinder auch das gern, nutzen Sie es, auch wenn hier etwas Geduld und Nachkontrolle vonnöten ist.

Darüber hinaus gibt es viele spielerische Möglichkeiten der Ernährungserziehung. Beim Gärtnern, mit Spielgeschichten, bei Wahrnehmungsspielen lassen sich Fragen rund ums Essen und Trinken einfach beantworten. Sie können Zusammenhänge verständlich machen, Sinne und Genuss schulen und Kenntnisse zu gesunden Lebensmitteln vermitteln.

Zwei Beispiele:

Wer bin ich?

Bei diesem Spiel erfahren Kinder die Vielfalt und den Geschmack von Obst und Gemüse. Sie lernen, Wissen und Erfahrungen in Worte zu fassen und sich mitzuteilen.

Sie brauchen:

* Papier, Stifte, Klebeband,
* Malvorlagen verschiedener Obst- und Gemüsearten
* und echte Lebensmittel, die Sie gleichzeitig aufschneiden und probieren lassen können.

Spielanleitung:

* Jedes Kind malt ein Bild von einer Frucht und klebt es einem anderen auf den Rücken. Keiner darf sehen, welches Obst oder Gemüse ihm angeklebt wird. Es sollten viele verschiedene Arten vorkommen.
* Die Kinder bewegen sich abwechselnd durch den Raum und fragen die anderen z. B.: „Welche Frucht habe ich auf meinem Rücken?“
* Die Mitspielenden antworten, indem sie die Frucht genau beschreiben und sagen, wie sie schmeckt.
* Die Kinder sollen erraten, welches Obst oder Gemüse auf ihrem Rücken klebt.

Woher kommt mein Essen?

Auch hier gilt: Selbermachen ist die beste „Schule“. Säen, pflanzen, ernten und verarbeiten Sie mit den Kindern Obst, Gemüse, Kräuter und Kartoffeln. Das macht den Kindern Spaß, ist mit Bewegung und Aktivität verbunden und schult die Sinne. Die Kinder finden einen Bezug zum Essen und begreifen, wo es herstammt. Aus der Ernte selbst angebauter Kartoffeln kann man eine regelrechte Schatzsuche machen.

Nicht immer steht dafür ein Garten an der Einrichtung zur Verfügung, aber vielleicht ist ja in der benachbarten Kleingartensparte ein Garten frei? Auch kleine Blumenkästen bieten Raum und schmücken gleichzeitig die Fensterbänke. Oder lassen Sie die Kinder ihren eigenen kleinen „Tellergarten“ mit nach Hause nehmen.

Kleine Gärtner/-innen

* Jedes Kind bringt einen tiefen Teller mit.
* Der Teller wird mit Watte ausgelegt und mit Wasser begossen.
* Dann wird ausgesät. Über die feuchte Watte werden verschiedenste Kräutersamen verteilt, z. B. Basilikum, Kresse, Schnittlauch oder Petersilie.
* Der Teller sollte an einem Sonnenfenster stehen.
* Täglich können die Kinder nun ihren kleinen Garten gießen und beobachten.
* Nach acht bis zehn Tagen ist dann schon die erste Ernte möglich.

8.2 Faktoren, die das Ernährungsverhalten beeinflussen

Damit Sie nicht nur aus der Sicht der Erwachsenen agieren, hier ein paar Hinweise zu Faktoren, die vor allem im Kindesalter Ernährungsverhalten beeinflussen. Orientieren Sie sich bei der Ernährungserziehung an den Ansprüchen der Kinder. Nutzen Sie ihre Neugier, unterstützen Sie ihre Eigenaktivität, beziehen Sie sie ein und: Seien Sie Vorbild!

Hunger- und Sättigungsgefühl

Hunger und Sättigung sind angeborene Köpergefühle, die mit zunehmendem Alter von äußeren Einflüssen überlagert werden können. Säuglinge und Kleinkinder regulieren ihre Energiezufuhr noch gut selbst. Schwankungen in der Nahrungszufuhr sind dabei normal. Sie haben ebenfalls ein natürliches Empfinden dafür, was sie mögen und was ihr Körper braucht.

Erhalten Sie das natürliche Gefühl für eine angemessene Nahrungsaufnahme:

* Lassen Sie Kinder, solange sie gesund und normalgewichtig sind, selbst entscheiden, wie viel sie essen und trinken.
* Beziehen Sie Kinder in einem angemessenen Rahmen bei der Auswahl der Lebensmittel mit ein.
* Benutzen Sie Essen nicht als Lob oder zum Tadel.

Nahrungs- und Geschmackspräferenzen

Süß oder sauer?

Geschmacksvorlieben und Lieblingsspeisen entwickeln sich bei Kindern durch Erfahrung und Gewohnheit.
Eine Ausnahme ist die angeborene Vorliebe von Neugeborenen für den süßen Geschmack und die Ablehnung bitterer Substanzen. Die Vorliebe für Süßes wird verstärkt, wenn man Kindern häufig stark gesüßte Speisen und Getränke gibt. Man kann diese Präferenz jedoch auch nutzen, z. B. durch das Angebot süß schmeckender Gemüse wie Karotten oder Tomaten. Bittere, herbe und stark gewürzte Speisen dagegen werden meist abgelehnt.

Das mag ich nicht!

Die meisten Kinder lehnen eine unbekannte Speise erst einmal ab. Diese angeborene Eigenart nennt man Neophobie. Es braucht unter Umständen sehr lange, bis Kinder die Abneigung gegen ein neues Lebensmittel überwinden. Bis zu siebenmal muss eine unbekannte Speise probiert werden, damit man wirklich weiß, ob man sie mag oder nicht. Das gilt für Kinder und Erwachsene. Seien Sie also geduldig und bieten Sie ein Lebensmittel immer wieder in unterschiedlicher „Aufmachung“ an. Kombinieren Sie einen unbekannten Geschmack mit einem bekannten, so wird der neue leichter akzeptiert. Zwang jedoch verstärkt die Ablehnung.

Nudeln, Nudeln, nochmals Nudeln?

Die sensorische Sättigung dauert bei Kindern viel länger als bei Erwachsenen. Sie können ohne Verdruss immer wieder dieselbe Speise zu Mittag essen, wenn wir diese längst „nicht mehr sehen“ können. Verbote oder eine frühzeitige Beendigung einer solchen Phase, in der ein Kind immer wieder nach derselben Speise verlangt, manifestieren diese unter Umständen als lebenslangen „Liebling“.

Beobachtung und Nachahmung

In den ersten sieben Lebensjahren ist das Nachahmen die wichtigste kindliche Lernmethode. Kinder lernen also durch Beobachtung von ihren Bezugspersonen und den Menschen in ihrem direkten Umfeld, sie übernehmen Verhaltensweisen, Einstellungen und auch Gefühle. So schauen Kinder vor der Nahrungsaufnahme in der Regel erst, ob Erwachsene das Gleiche essen. Die Ablehnung eines Nahrungsmittels wird fast immer übernommen, Lebensmittelvorlieben machen einen geringeren Eindruck.

Mit allen Sinnen

Kinder essen nicht mit dem Verstand, sondern hören hauptsächlich auf ihr Gefühl. Was Kinder gern mögen, muss sich im Mund gut anfühlen, lecker riechen, gut schmecken und vor allem gut und am liebsten bunt aussehen. In der optischen Beurteilung ihres Essens sind Kinder viel anspruchsvoller als Erwachsene und achten aufs Detail. Schon eine winzige braune Stelle an einer Frucht oder das Essen nicht auf dem Lieblingsteller serviert, kann zur Ablehnung einer Speise führen.

Die Welt „begreifen“

Kinder lernen durch Kontakt, das heißt sie begreifen ihre Welt mit den Händen. Lassen Sie Kinder also ruhig Lebensmittel, die dazu geeignet sind, mit den Fingern essen. Nutzen Sie die Neugierde der Kinder. Bieten Sie z. B. Obst und Gemüse „griff“-bereit und vor allem aufgeschnitten an. Desto bekannter ein Lebensmittel durch häufigen Kontakt ist, umso lieber wird es gegessen.

Mit Spaß und Freude

Am besten schmeckt Kindern ihr Essen in der Gemeinschaft und in freundlicher Atmosphäre – ob in der Familie oder in der Kindergemeinschaft. Miteinander reden, lachen, lauschen und das Essen mit Zeit und Ruhe genießen, ist eine gute Voraussetzung für gesunde Esser. Die Beteiligung bei der Vorbereitung des Essens durch die „Kleinen“ selbst und natürlich das Selberessen ist dabei von ebenso großer Bedeutung. Es macht stolz, fördert das Selbstwertgefühl und die Wertschätzung der Speisen.

8.3 „Kleine Köche“ – Mithelfen und Mitbestimmen

FALLBEISPIEL

In der Kindertagesstätte „Blumenkinder“ wird einmal in der Woche das Bildungsangebot „Kochen & Backen“ durchgeführt. Das Konzept der Kindertagesstätte beinhaltet eine gesunde Ernährung der Kinder. Um den Kindern gesunde Ernährung zu vermitteln und mit ihnen Speisen gemeinsam zuzubereiten, hat der Pädagoge Tom das wöchentliche Angebot eingeführt. Ihm ist dabei besonders wichtig, dass die Kinder in allen Belangen mit einbezogen werden, in der Hoffnung, den Kindern dabei möglichst viel lebenspraktisches Wissen zu vermitteln. An dem Bildungsangebot dürfen die Kinder freiwillig teilnehmen sowie das Rezept selbstständig auswählen. Dazu hat Tom eine kleine Kinderküchenbibliothek mit vielen gesunden Kinderrezepten zusammengestellt. Die fünfjährige Mira bringt einen Tag vor dem „Kochen & Backen" das Rezept ihres Lieblingsschokoladenkuchens von daheim mit in die Kita und bespricht mit Tom, dass sie diesen gern zum Angebot backen möchte. Tom überlegt lange, ob er dem Wunsch von Mira nachgehen und diesen Kuchen gemeinsam mit den Kindern zubereiten sollte, obwohl dieser eine zuckerreiche Süßigkeit ist. Tom bespricht mit Mira, dass sie den Kuchen backen werden, jedoch etwas am Rezept verändern. Sie wollen versuchen, die Rezeptur gesünder zu gestalten und einige Lebensmittel zu ersetzen – anstelle des Weichweizenmehls soll Vollkornmehl verwendet werden, die Zuckermenge wird halbiert und durch Agavendicksirup ersetzt und der Butteranteil durch pflanzliche Fette. Tom und Mira besprechen, dass der Kuchen dadurch gesünder ist und trotzdem noch genauso gut schmeckt.

Kinder sind neugierig, nur zuschauen ist langweilig. Deshalb wollen und sollten Kinder bei den vielen Tätigkeiten rund ums Essen und Trinken mitmachen. Gemeinsam kochen macht nicht nur Spaß. Die Vor- und Zubereitung von Speisen und Mahlzeiten ist ein praktischer Bestandteil der Ernährungserziehung und kann gut in den Kitaalltag eingebaut werden. Hier lassen sich wichtige Alltagskompetenzen schulen.
Lassen Sie die Kinder:
holen und bringen – sortieren – waschen – schütteln – mischen und rühren – kneten – formen und schneiden – anrichten und garnieren.
Ganz nebenbei können Sie beim gemeinsamen Tätigsein das Zählen üben, Farben und Formen lernen, den Sprachschatz erweitern und die Sinne anregen.
Wenn die Kita selber kocht, können Sie Kinder je nach ihrem Alter und den Erfahrungen in die tägliche Küchenarbeit einbeziehen. Sind dafür die Möglichkeiten nicht gegeben, nutzen Sie Aktionen oder regelmäßige Bildungsangebote. Es braucht nicht immer gleich eine voll ausgestattete Küche. Aber auch hier gilt: Hygiene beim Umgang mit Lebensmittel beachten!

MERKE

- Pädagogische Fach- und Lehrkräfte, die regelmäßig mit Kindern im Rahmen von Ernährungsbildungsaktionen kochen, müssen sich gemäß § 43 Infektionsschutzgesetz (IfSG) belehren lassen. Zuständig für die Belehrung ist in der Regel das örtliche Gesundheitsamt.
- Auch wenn Kinder bei der Speisenvor- und -zubereitung in der Kita helfen, gelten dieselben hygienerechtlichen Bestimmungen wie sie in Kap. 6.2 zusammengefasst sind. Deshalb: Wenn Kinder mitmachen, vermitteln Sie ihnen zuerst die wichtigsten Hygiene-Regeln, am besten hängen diese mit Bildern in der Küche (s. u.).
- Mit Obst und Gemüse lassen sich tolle Gerichte zaubern. Diese Lebensmittel sind hygienisch relativ unproblematisch, sie haben einen hohen Wassergehalt und wenn sie verderben, sieht man dies deutlich. Lassen Sie Kinder deshalb am besten zuerst mit Obst und Gemüse üben. Auf Fleisch oder Fisch dagegen fühlen sich Bakterien wohl, die zu Lebensmittelinfektionen führen. Wir sehen diese kleinen Bösewichte nicht und sie vermehren sich schnell in der warmen Küche.
- Am besten sollten die Speisen, die Sie mit Kindern herstellen, sofort nach der Zubereitung verzehrt werden.
- Wenn Sie mit Kindern backen, verwenden Sie eifreie Teige. Da Kinder gerne naschen und auch schnell mal vom rohen Teig

probieren, ist das Risiko für eine Salmonelleninfektion bei Teigen mit Eiern zu groß.
- Wer etwas probiert, sollte sich erst einen Klecks auf einen Löffel machen, kosten und dann den Probierlöffel zum Abwasch geben.
- Als Kostprobe aus gemeinsamen Aktionen sollten nur trockene Zubereitungen, wie Brötchen oder Kekse, z. B. das kleine Getreidemäuschen (s. u.), mitgegeben werden.
- Und: Nur wer gesund ist, darf mitmachen. Wer über Bauchschmerzen oder gar Durchfall klagt, wer schnieft und hustet oder wer eine infizierte Wunde hat, ist erst beim nächsten Mal wieder dran. Das gilt für Kinder und Erwachsene.

HYGIENEREGELN FÜR KLEINE KÖCHE

* Gründlich die Hände waschen
* Schürze umbinden
* Lange Haare zusammenbinden bzw. hochstecken oder unter einer Mütze verstecken
* Lebensmitteln immer als erstes waschen
* Zubereitete Lebensmittel nicht unnötig anfassen
* Mit einem Extralöffel kosten. Der abgeleckte Löffel gehört in den Abwasch.
* Auf den Boden gefallene Handtücher oder Lebensmittel nicht mehr verwenden

Die Hände richtig waschen!

Praktische Hinweise

* Durchdenken Sie die Arbeitsschritte im Vorfeld und planen Sie die Küchenarbeit genau.
* Bei kleineren oder sehr aktiven Kindern ist es sinnvoll, wenn jeder Erwachsene nur ein Kind begleitet. Das gilt aus Sicherheitsgründen auch beim Arbeiten am Herd.
* Fertigen Sie für die Kinder Bildrezepte an.
* Bedenken Sie bei Ihrem Zeitplan, dass Sie bei der Arbeit mit Kindern mehr Zeit benötigen werden, als wenn Sie alleine tätig sind.

* Steht viel Zeit zur Verfügung, lassen Sie die Kinder an allen Schritten der Vor- und Zubereitung teilnehmen. Das kann schon beim Einkauf oder beim Sammeln von Obst anfangen. Die Kleinen helfen dann beim Waschen und Rühren, die großen beim Abwiegen, Schälen und Schneiden.
* Wollen Sie in einer begrenzten Zeit mit den Kindern etwas zubereiten, stellen Sie alle benötigten Arbeitsmittel und Zutaten bereit.
* Richten Sie den Kindern Arbeitsplätze ein, an denen sie sicher stehen oder sitzen. Auf der Arbeitsfläche sitzen dürfen sie nicht.
* Messer sollten eine abgerundete Spitze haben und scharf sein. Mit stumpfen Messern rutscht man schnell ab.
* Nutzen Sie Sparschäler statt Hobel. Beim Hobel ist die Schneidgefahr größer.
* Benutzen Sie klassische Küchengeräte, wie Schneebesen, Rührlöffel, Reibe, anstelle der elektrischen Küchenhelfer.
* Wenn elektrische Geräte benutzt werden, ziehen Sie nach dem Gebrauch den Stecker raus. Steckdosen müssen kindersicher sein.
* Achtung: Vorsicht beim Öffnen von Backofentüren, heißer Dampf ist eine Gefahr.
* Topflappen nicht vergessen!

UND HIER ZWEI IDEEN:

1. Buntes Frühstücksbrot

Zutaten:

Verschiedene Sorten Vollkornbrot

Verschiedene Sorten Käse und Frischkäse

Magerquark und Kräuter

Möhren, Paprika, Gurke

Tomaten Salatblätter, Schnittlauch, Petersilie, Kresse

Arbeitsmaterial:

Schneidbrett, Küchenmesser, Abfallschüssel, Sparschäler, Teller und Schälchen, Messer, Servierplatte

Und so geht's:

* Das Gemüse waschen, abtrocknen, in Streifen, Scheiben oder Monde schneiden und in Schüsseln geben
* Verschiedene Kräuter fein hacken. Den Quark mit etwas Mineralwasser glattrühren und die Kräuter untermischen
* Die Brote mit Quark oder Frischkäse bestreichen und mit Käse belegen
* Mit den Gemüsestreifen und -scheiben Gesichter auf die Brotscheibe legen
* Zum Schluss mit Petersilie oder Schnittlauch Haare gestalten

TIPPS

* Lassen Sie die Kinder die Gemüsearten benennen.
* Bei gemischten Gruppen können größere Kinder den Kleineren helfen.
* Jedes Kind gestaltet sein eigenes Brotgesicht oder auch andere Figuren auf dem Brot und gibt ihm einen Namen.
* Fotografieren Sie vor dem Essen die Brote und gestalten Sie eine kleine Fotowand als Erinnerung.

2. Getreidemäuschen

Zutaten für 15 Mäuschen	250 g Buttermilch 400 g Vollkornmehl 30 g Rapsöl 20 g Mandeln (geschält) 15 g Frischhefe 3 g Jodsalz 100 g Quark 30 Sonnenblumenkerne (oder Rosinen)
Arbeitsmittel	Kleiner Topf Rührschüssel Rührgerät mit Knethaken Backblech mit Backpapier Bindfaden

Zubereitungsanleitung:

* Die Buttermilch leicht anwärmen und die Hefe darin auflösen.
* Das Vollkornmehl, Salz, Öl und Quark in einer Rührschüssel unter die Buttermilch kneten.
* Den Teig an einem warmen Ort bedeckt etwas ruhen lassen, er sollte sich während dieser Zeit sichtbar vergrößern.

* Nach der Teigruhe den Teig nochmals durchkneten und kleine Mäuschen formen. Den Teig dazu in 15 Portionen teilen und ein etwas spitz zulaufendes Ei formen.
* Die Formen auf ein Backblech mit Backpapier setzen. Der Bindfaden wird als Schwanz an das stumpfe Ende gesteckt. Zwei Mandeln werden als Ohren am spitz zulaufenden Ende aufgesetzt und die Sonnenblumenkerne sind die Augen.
* Die Mäuschen nun bei etwa 200 °C im vorgeheizten Ofen ca. 20 min backen.

8.4 Essen lernen mit allen Sinnen

Unsere Sinne bringen wir mit auf die Welt. Aber genauso, wie die kleinen Beine laufen lernen müssen, müssen sich auch die Sinne des Kindes erst entwickeln. Umso mehr wir die Sinne benutzen, umso besser funktionieren sie. Beim Essen und Trinken werden alle Sinne angesprochen. Die Erlebnisse, die ein Kind dabei hat, speichert es ab. Ein Leben lang werden diese Erinnerungen das Essverhalten und den Geschmack beeinflussen. Mit vielfältigen Geruchs- und Geschmackserlebnissen schärfen Sie die Sinne des Kindes und beeinflussen das künftige Ernährungsverhalten.

Die fünf Sinne

Unsere fünf Hauptsinne sind das Schmecken, Hören, Sehen und der Geruchs- und Tastsinn. Es sind auch Alarmsensoren des Körpers. Sie schützen den Menschen vor Gefahren und helfen bei der Orientierung.

Jeder Sinn braucht ein Sinnesorgan zur Wahrnehmung:
Wir hören mit den Ohren,

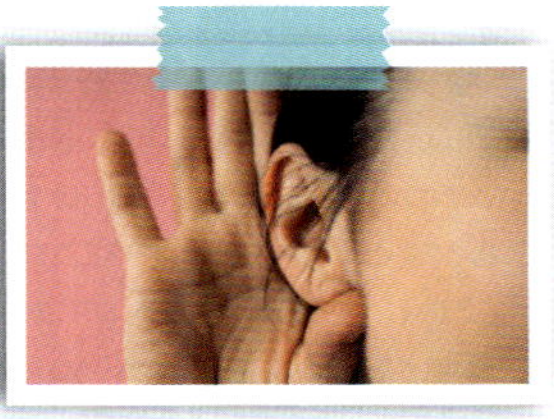

sehen mit den Augen,

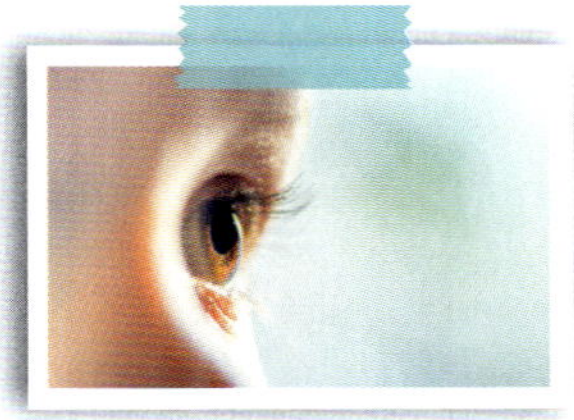

tasten über die Haut,

riechen über die Nase

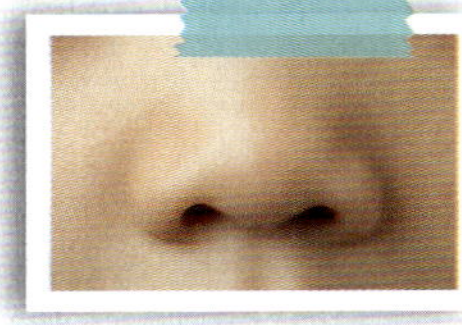

und schmecken mit Hilfe des Mundes bzw. der Zunge. Das geht jedoch nur im Zusammenspiel mit der Nase.

Und so können wir Lebensmittel wahrnehmen:

* Beim Abbeißen, kauen oder zerkleinern hören wir: knusprig, laut, leise, krachend, schmatzend.
* Beim Anfassen mit den Händen fühlen wir: fest, weich, kantig, krümelig, klebrig, rau, rund ...
* Stecken wir uns Lebensmittel in den Mund, lässt sich noch viel mehr fühlen: cremig, wässrig, mehlig, prickelnd.
* Jedes Lebensmittel hat einen oft sehr spezifischen Geruch: würzig, erdig, nussig; wenn wir bei der Zubereitung einen Fehler gemacht haben, möglicherwiese verbrannt, süßlich oder säuerlich ...
* Wollen wir ausdrücken, wie etwas schmeckt, brauchen wir beide Sinnesorgane: Nase und Mund. Ist die Nase verstopft, etwa bei einem Schnupfen, schmecken wir nichts oder weniger. Wir schmecken: süß, sauer, salzig, bitter, scharf, fruchtig, fettig ...
* Durch Betrachten können Kinder Farben, Größen und Konsistenzen erkennen und bestimmte Merkmale beschreiben, z. B. glänzend, gepunktet, mit Kernen u. v. m.

Üben und erfahren Sie gemeinsam mit den Kindern beim Probieren verschiedenster Lebensmittel diese vielen Eindrücke. Es ist nicht nur für Kinder spannend, sich ganz auf das zu konzentrieren, was man im Augenblick spürt. Und Sie werden merken, dass es auch nicht einfach ist, seine Wahrnehmungen in Worte zu fassen.

Die folgende Sinnesschulung kann beliebig variiert, vergrößert und an das jeweilige Alter angepasst werden. Man kann die einzelnen Stationen mit anderen Spielideen oder Spielgeschichten verknüpfen. Viele neue Lebensmittel lassen sich dabei entdecken und innerhalb einer gesunden Ernährung einordnen. Um die Kinder nicht zu überfordern, kann z. B. eine Sinneswoche unter dem Motto „Fühlen, wie es schmeckt“ angeboten werden. Beginnen Sie jede Station oder Sinneseinheit mit der Erklärung der Sinne und Sinnesorgane (s. o.).

Wahrnehmungsspiel zur Anregung der Sinne und zum Kennenlernen, Erkennen und Einordnen von Lebensmitteln

Station: „Riechbar"
In zehn undurchsichtige Schraubgläser oder in Duftsäckchen verstecken Sie unterschiedliche Düfte in Form von Nahrungsmitteln, z. B. Knoblauch, Zwiebeln, Zimt, Kräuter ... *Welche Erinnerungen werden bei den Kindern geweckt? Erkennt ihr den Duft? ...*

Station: „Tastbar"
Verstecken Sie in kleinen, mit Tüchern abgedeckten Schalen oder verschlossenen Kisten mit Eingriffen unterschiedliche Lebensmittel, am besten Obst und Gemüse. Fragen Sie: *Was fühlst du? Kennst du das Lebensmittel? Magst du es?*

Station: „Trinkbar"
Bieten Sie fünf verschlossene Becher an und lassen Sie die Kinder durch einen Strohhalm probieren und raten, welches Getränk im Becher ist: verschiedene Fruchtsäfte, Wasser mit Zitrone, kalter Minzeblättertee ... Fragen: *Magst du das Getränk? Warum müssen wir trinken? Was sind gesunde Getränke? ...*

Station: „Schmeckbar"
In vier abgedeckten Schalen liegt mundgerecht geschnittenes Obst und Gemüse. Die Kinder verbinden sich gegenseitig die Augen und kosten die Früchte. *Schmecken sie? Was ist es?*

Station: „Kuckucksei"
In einen Karton wird ein Loch geschnitten und mit einem dehnbaren Stück Stoff als Eingriff versehen. In dem Karton befinden sich sechs bis acht verschiedene Obstfrüchte, von denen eine nicht dazu passt, weil es eine Gemüsefrucht ist. *Welche Frucht ist das Kuckucksei?*

Station „Cocktailbar"
In drei bis vier Glasflaschen füllen Sie das gleiche Getränk, jedoch mit Lebensmittelfarbe unterschiedlich gefärbt. *Was hast du getrunken? Schmeckt dir etwas besser?* Die Kinder entdecken den Einfluss von Farbe auf den Geschmack.

Viele weitere Sinnesübungen mit Anleitungen finden Sie z. B. in der Broschüre „Schmecken mit allen Sinnen" des BZfE (Bundeszentrum für Ernährung):

8.5 Umgang mit schwierigen Essern: „Nimmersatt und Essmuffel“

FALLBEISPIEL

Die dreijährige Lina besucht seit vier Monaten die Kindertageseinrichtung. Bereits in der Eingewöhnungszeit berichtete ihre Mutter, dass Lina bei den Mahlzeiten eine schlechte Esserin ist. Die Mutter berichtet: Lina isst mehrmals täglich viele kleine Mahlzeiten, häufig nebenbei beim Autofahren oder Spielen, wodurch sie zu den Hauptmahlzeiten wenig und sehr wählerisch isst. Beim Mittagessen und dem Nachmittagssnack beobachtet Erzieher Paul Linas Essverhalten. Bei den angebotenen Speisen zum Mittagessen lässt sie viele Beilagen weg, weil sie sie nicht isst, und nimmt sich grundsätzlich nur sehr kleine Portionen auf den Teller, welche sie dann jedoch auch häufig nicht aufisst oder an denen sie sich sehr lang aufhält. Erzieher Paul motiviert und animiert Lina bei den Mahlzeiten und versucht so zu erreichen, dass Lina etwas mehr isst. Lehnt Lina das Essen von vornherein ab, versucht Paul, Lina von einem „Probierklecks“ zu überzeugen und ihr so die Vielfältigkeit der Mahlzeiten schmackhaft zu machen.

Essmuffel, oder wenn Kinder zu dünn sind

Wenn ein Kind zu leicht für seine Größe ist, muss das nicht gleich ein Alarmzeichen sein. Ist es aktiv, wächst es normal und zeigt es keine Krankheitsanzeichen, besteht kein Grund zur Sorge. Viele Kinder sind oft über lange Zeit etwas „eigen“ in ihrem Essverhalten. Das verliert sich meist bis zum Vorschulalter. Wenn ein Kind jedoch dauerhaft untergewichtig und müde ist, kaum isst oder gar Entwicklungsstörungen zeigt, sollten die Bezugspersonen handeln. Das gilt auch, wenn ein Kind trotz normalem Essverhalten nicht genügend zunimmt und wächst. Es könnte eine Erkrankung vorliegen.
Haben Sie einen solchen Verdacht, suchen Sie das Gespräch mit den Eltern. Ansonsten beobachten Sie das Kind, machen Sie das Essverhalten aber nicht immer zum Thema. Halten Sie die Waage zwischen berechtigter Sorge und Überfürsorglichkeit. Kinder nutzen Situationen, in denen sie erhöhte Aufmerksamkeit erhalten, schnell aus.

Ursachen für Untergewicht und Appetitlosigkeit

* In starken Wachstumsphasen kann es kurzzeitig dazu kommen, dass der Energiebedarf höher ist, als das Kind durch Essen auf-

nehmen kann und mag. Das Gewicht wird sich, wenn der Wachstumsschub nachlässt, wieder einpegeln.

* Manche Kinder haben bereits ein „volles" Programm, sei es aus eigener Lust an der Aktivität oder durch Vorgaben und Wünsche der Eltern. Auch familiäre Umstände können einem kleinen Knirps bereits „Stress" verursachen. Es bleibt nicht genug Zeit, um in Ruhe zu essen.
* Trinkt ein Kind sehr viel zwischendurch, vor allem zuckerreiche Getränke oder Wasser mit viel Kohlensäure, mindert das das Hungergefühl.
* Ständig hektische und laute Atmosphäre verdirbt auch Kindern den Appetit.
* Nicht nur Erwachsene haben Sorgen. Wenn für das Kind Sorgen schwerwiegend oder dauerhaft sind, kann das die Essmotivation beeinträchtigen.
* Eine falsche und unzureichende Ernährung der Kinder durch die Erziehungsberechtigten kann ebenso eine Ursache sein. Armut, Unwissenheit, selten auch Vernachlässigung sind der Grund hierfür.
* Oder ... das Kind ist krank.

Motivieren Sie Essmuffel

* Akzeptieren Sie Abneigungen gegen Speisen, bieten Sie sie in immer wieder anderer Aufmachung an.
* Zwang verstärkt die Ablehnung, bringen Sie Verständnis und Geduld auf.

- Auch hier gilt: Speisen farbenfroh und kreativ anrichten.
- Kleine Tricks helfen, wenn bestimmte „gesunde“ Lebensmittel, wie Obst und Gemüse, abgelehnt werden, z. B. kann man sie in anderen Speisen verstecken.
- Wählen Sie Portionen nicht zu groß oder lassen Sie das Kind selbst die Portion nehmen.
- Lassen Sie sich nicht auf „Machtkämpfe“ ein, verweisen Sie stattdessen auf die nächste Mahlzeit, dann kommt der Hunger von allein.
- Beziehen Sie Kinder in die Speisenplanung ein und bieten Sie öfter mal Lieblingsspeisen an.
- Lassen Sie die Kinder bei der Speisenzubereitung helfen.
- Unterbinden Sie Naschen zwischendurch.
- Seien Sie Vorbild.
- Wenden Sie keine Belohnungsstrategien an, das fördert kein eigenständiges Verhalten und die Dinge werden nur so lange gegessen oder getan, solange sie belohnt werden.
- Suchen Sie das Gespräch, fragen Sie nach Gründen, aber nicht über Gebühr.

EXKURS *„Das richtige Gewicht“*

Ob das Gewicht eines Kindes im normalen Bereich liegt, kann man mit dem sogenannten Body-Mass-Index – kurz BMI – bestimmen. Hier wird das Gewicht und die Körpergröße ins Verhältnis gesetzt und das Ergebnis mit Referenzwerten abgeglichen.

Der BMI wird folgendermaßen berechnet:

$$\text{BMI} = \frac{\textbf{Körpergewicht in kg}}{\textbf{(Größe in m)}^2}$$

Beispiel: *Der BMI eines Jungen im Alter von 6 Jahren mit einem Körpergewicht von 27 kg und einer Körpergröße von 1,17 m errechnet sich wie folgt:*

$$\text{BMI} = \frac{27\text{ kg}}{1{,}17\text{ m} \times 1{,}17\text{ m}} = \frac{27\text{ kg}}{1{,}37\text{ m}^2} = \mathbf{19{,}7}\ (\text{kg/m}^2)$$

Bei Erwachsenen wird dieser Wert mit Normwerten verglichen und entsprechend eingeschätzt. Da sich Kinder und Jugendliche jedoch noch in der Entwicklung befinden, müssen individuelle Unterschiede und Besonderheiten berücksichtigt werden. Deshalb werden zusätzliche Richtwerte zur Beurteilung eingesetzt. Man nennt sie BMI-Perzentile. Die Perzentilen markieren alters- und geschlechtsspezifische Gewichtsbereiche.

Grafisch werden die BMI-Perzentilen in Perzentilekurven dargestellt:

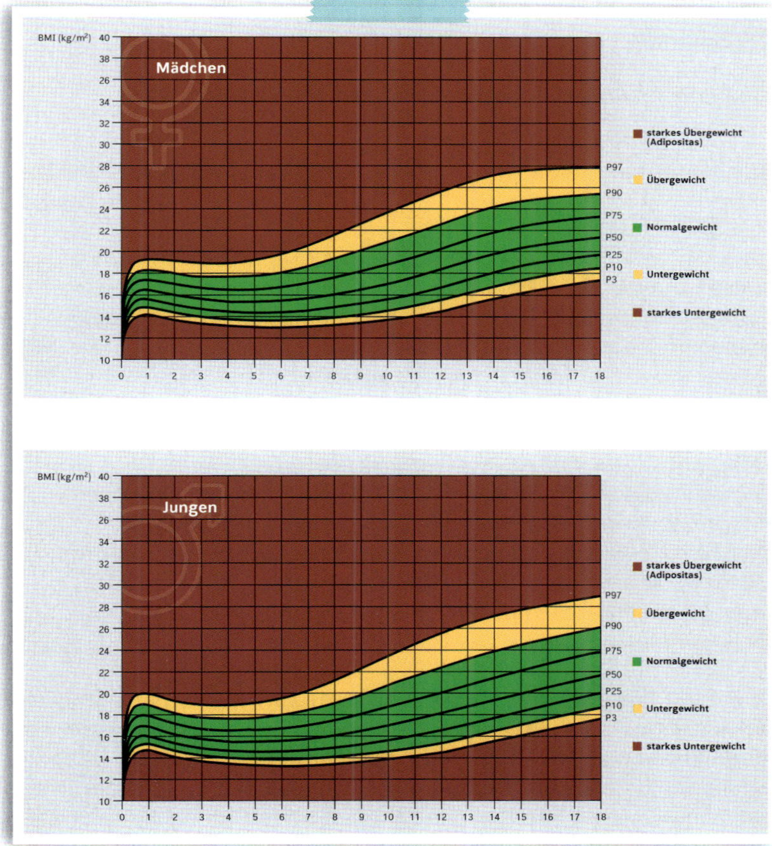

Grafische Darstellung der Perzentilen für den Body-Maß-Index von Mädchen bzw. Jungen im Alter von 0 bis 18 Jahren, herausgegeben von der Arbeitsgemeinschaft Adipositas im Kindes- und Jugendalter AGA (www.a-g-a.de)

Der BMI eines Kindes sollte zwischen der 10. und 90. Perzentile für die entsprechende Alters- und Geschlechtsgruppe liegen, innerhalb dieses Bereiches kann man von Normalgewicht sprechen.

In der Grafik werden die verschiedenen Bereiche zusätzlich farblich gekennzeichnet:

- Starkes Übergewicht (Adipositas über P 97)
- Übergewicht (P 97 bis P 90)
- Normalgewicht (P 90 bis P 10)
- Untergewicht (kleiner als P 10)

Nimmersatte – was tun, damit Kinder nicht zu dick werden

FALLBEISPIEL

Mara ist ein Jahr und elf Monate alt und besucht die Krippengruppe der Kindertagesstätte „Villa Kunterbunt“. Ihre Gruppenerzieherin Heike kann bei den Mahlzeiten immer wieder beobachten, dass sich Mara neugierig und interessiert gegenüber den Speisen zeigt. Seit einigen Tag fällt jedoch auch auf, wie Mara immer wieder nach noch mehr Essen verlangt. Obwohl sie bereits einen reichlichen Nachschlag des Mittagessens erhalten hat, signalisiert sie Heike, noch nicht satt zu sein. Verunsichert gibt sie Mara noch einen Nachschlag, welchen sie schnell aufisst. Nach den drei Portionen Mittagessen macht Mara den Eindruck, dass ihr nicht wohl ist. Nachdem Heike das Essverhalten von Mara mehrmals beobachtet hat, fragt sie sich, ob Mara kein dem Alter entsprechendes Sättigungsgefühl entwickelt hat.

Wird mehr Energie aufgenommen als verbraucht, entsteht Übergewicht. Bei einer ausgewogenen Ernährung, kombiniert mit ausreichend Bewegung, wie Sie sie kennen gelernt haben, besteht keine Gefahr. Auch Veranlagung führt nicht zwangsläufig zu Übergewicht. Zwar steuern Gene und Hormone ebenso die Sättigung, Kalorienzufuhr und den Kalorienverbrauch, aber die Energiebilanz wird vom Ernährungsverhalten bestimmt.

Ursachen, die zu Übergewicht bei Kindern führen können

* Bewegungsmangel ist eine der häufigsten Ursachen.
* Hinzu kommt dann oft eine ungünstige Ernährung mit zu viel Zucker und Fett in den Nahrungsmitteln.
* Es wird zu oft zwischendurch genascht und nebenbei gegessen. Das Essen während anderer Tätigkeiten lenkt vom Sättigungsgefühl ab.
* Wenn Essen als Belohnung oder Trost benutzt wird, verlernen Kinder, auf die inneren Signale von Hunger und Sättigung zu hören. Essen wird von äußeren Reizen bestimmt.
* Fehlende Zuneigung oder Zuwendung, Langeweile, aber auch Sorgen und Nöte können bei Kindern zu Frustessen führen.
* Andererseits kann auch übertriebene Fürsorge ein Grund für Übergewicht sein, wenn – gut gemeint – Kinder zum Essen genötigt werden.
* Wenn aufgrund von Zeitmangel oder ungünstigen Bedingungen feste Mahlzeitenstrukturen fehlen, wird häufig zu leicht verfügbaren fetten Snacks und Fastfood-Gerichten gegriffen.

Was tun?

* Übergewicht vermeiden
  - Ausreichend Bewegung an frischer Luft. Körperliche Aktivität verbraucht einerseits Energie, andererseits stärkt es Knochen und Muskeln und steigert das Wohlbefinden.
  - Ausgewogen und gesund essen.
  - Essen und vor allem Süßigkeiten nicht als Erziehungsmittel einsetzen.
  - Zuviel Zucker in Speisen und Getränken vermeiden.
  - Nur eine Süßigkeit am Tag und keine fetten Snacks.
  - Kein Zwang, den Teller leer zu essen.
  - Essen in Ruhe und ohne Ablenkung.
  - Keine zu großen Portionen wählen.

* „Nimmersatte" bremsen:

Bei vielen übergewichtigen Kindern ist die Hunger-Sättigungs-Regulation gestört. Da sie meist zu schnell, nebenbei und zwischendurch essen, werden die Signale des Körpers überhört.

Folgende Genussregeln helfen dem Kind dabei, das Sattsein wieder zu spüren:

Langsam essen

☯

Gründlich kauen

☯

Pausen machen

☯

Selten Nachschlag nehmen

☯

Regelmäßig essen und trinken

☯

An einem festen Platz essen und trinken

☯

Nur essen und trinken und sonst nichts

Unterstützen Sie das Kind bei der Umsetzung und der Einhaltung dieser Regeln:

- Sorgen Sie für Ruhe und lassen Sie genug Zeit zum Essen.
- Lassen Sie die Portion selbst wählen, schreiten Sie nur ein, wenn die Portion zu groß wird. Es sollte mit kleineren Portionen begonnen werden, nur wenn das Kind wirklich noch Hunger hat, gibt es Nachschlag.
- Ziehen Sie Mahlzeiten in die Länge, durch Gespräche oder Pausen zwischen Hauptmahlzeit und Nachspeise.
- Beginnen Sie die Mahlzeit mit etwas, was gut gekaut werden muss.
- Ein Glas Mineralwasser vor dem Essen bremst den Hunger.
- Schränken Sie Ablenkungen beim Essen ein.

* Üben Sie gemeinsam mit allen Kindern das langsame Genießen:

„Langsam wie die Schnecken essen“

Alle Kinder setzen sich im Schneidersitz auf den Boden, den Handteller nach oben gerichtet, sodass ein „Schneckenmenü“ darin angerichtet werden kann: z. B. eine Mandel, ein kleines Stück Apfel und eine Rosine.
Die „Schnecken“, die ihr Futter bereits erhalten haben, warten, bis auch die anderen bedient worden sind. Alle schauen sich das Menü genau an und schnuppern daran und knabbern es schließlich auf – so langsam wie die Schnecken, ganz genüsslich, Biss für Biss.
Wer braucht am längsten? Schmecken die Speisen anders, wenn wir so langsam essen und genießen?
Benutzen Sie dabei das Genießerzeichen „eins – zwei – drei“. Es hilft auch künftig, alle anderen Mahlzeiten mit viel Ruhe zu genießen. Jedes Mal vor dem Essen zählen Sie dann, wie im Spiel, bis drei:

* „Bei „eins“ schauen wir alle die Speisen genau an.
* Bei „zwei“ atmen wir ihren Duft ein. Wenn wir dabei fröhliche Grimassen schneiden, strömt uns besonders viel Luft in die Nase und wir können noch besser riechen.
* Bei „drei“ nehmen wir den ersten Biss und kauen ihn lange und gründlich.

(Radke; Monika: Esspedition Kindergarten – Ernährungserziehung für die Praxis, hrsg. v. Ministerium für Ernährung und ländlichen Raum Stuttgart (& aid Infodienst – aufgegangen im BZfE), 6., vollst. überarbeitete Auflage, Bonn, 2007, S.180)

8.6 Essen in der Gemeinschaft – Regeln für gemeinsame Mahlzeiten

Am liebsten essen Kinder in der Gemeinschaft mit anderen. Schnell geht es dabei laut und hektisch zu. Damit Kinder auch gemeinsam in Ruhe ihr Essen genießen, bedarf es Regeln, die einen gewissen Rahmen vorgeben.
Regeln, Rhythmen und Rituale sind nicht dazu da, Kinder in Schemata zu

zwingen. Kinder mögen und brauchen jedoch eine gewisse Orientierung. Sie vermittelt Halt und zeigt ihnen, wie ein Zusammenleben mit anderen funktioniert.
Tischregeln schaffen den Rahmen für eine gute Atmosphäre bei den gemeinsamen Mahlzeiten.

TIPP

* Diskutieren Sie im Team, welche Rahmenbedingungen und Regeln Ihnen wichtig wären.
* Stellen Sie Regeln gemeinsam mit den Kindern auf.
* Hängen Sie Ihre Regeln kindgerecht gestaltet am Essplatz auf.
* Geben Sie Eltern Ihre vereinbarten Regeln als Merkblatt mit.

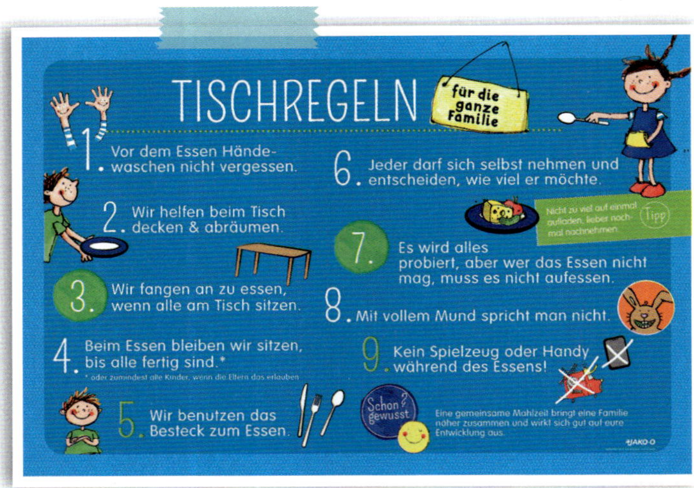

Beispiele für Tischregeln:

* Wir beginnen, wenn alle gemeinsam am Esstisch sitzen mit einem gemeinsamen Tischspruch unser Essen.

> Wir sitzen beisammen,
> der Tisch ist gedeckt,
> wir wünschen einander,
> dass es uns schmeckt!

* Meckern über das Essen ist nicht erlaubt. Es verdirbt den anderen den Appetit und der Koch ist traurig. Wer sich nicht daran hält, verlässt den Tisch.
* Jedes Kind probiert von allem. Was schmeckt und wovon sich jeder nimmt, darf das Kind selbst für sich entscheiden.
* Keiner wird beim Essen gedrängelt und niemand darf anderen etwas wegnehmen.

DGE/Referat Gemeinschaftsverpflegung und Qualitätssicherung: DGE-Qualitätsstandard für die Verpflegung in Kitas, hrsg. v. Deutsche Gesellschaft für Ernährung (DGE), Auflage, Bonn, 2020

Bausch, Kathrin: Essen und Trinken in Tageseinrichtungen für Kinder, hrsg. v. aid Infodienst Ernährung, Landwirtschaft, Verbraucherschutz e.V. (2016 aufgegangen im BZfE), 3., überarbeitete Auflage, Bonn, 2008

Brüggemann, Ingrid: Die Ernährungspyramide – Richtig essen lehren und lernen, hrsg. v. der Bundesanstalt für Landwirtschaft und Ernährung (BLE), 4. Auflage, Bonn 2018

Düngenheim, Monika; Rösch, Ruth: Das beste Essen für Kinder, hrsg. v. der Bundesanstalt für Landwirtschaft und Ernährung (BLE), 4. Auflage, Bonn, 2018

Kersting, Mathilde: Kochbuch für Kinder – Die Optimierte Mischkost – kinderleicht, hrsg. v. Forschungsdepartment Kinderernährung (FKE) der Universitätsklinik für Kinder- und Jugendmedizin Bochum, 1. Auflage, Bochum, 2019

Kersting, Mathilde: Empfehlungen für die Ernährung von Kindern und Jugendlichen – Die optimierte Mischkost, hrsg. v. Forschungsdepartment Kinderernährung (FKE) der Universitätsklinik für Kinder- und Jugendmedizin Bochum, 1. Auflage, Bochum, 2019

Kompetenzzentrum für Ernährung (KErn) an der Bayrischen Landesanstalt für Landwirtschaft (LfL) (Hrsg.): Erfolgsrezepte für die Kitaverpflegung, 1. Auflage, Kulmbach, 2017

Kompetenzzentrum für Ernährung (KErn) an der Bayrischen Landesanstalt für Landwirtschaft (LfL) (Hrsg.): Komm‘ wir frühstücken – Lieblingsbrotzeiten für Kindergartenkinder, Kulmbach, 2015

Krüger-Stolp, Katja: Fachwissen Ernährung und Hauswirtschaft für die sozialpädagogische Erstausbildung, 3. Auflage, Köln, 2019

Plitzko, Ursula; Tenberge-Weber, Ursula: Bärenstarke Kinderkost, hrsg. v. der Verbraucherzentrale NRW, 11., überarbeitete Auflage, Düsseldorf, 2009

Rösch, Ruth; Fellmeth, Sigrid: Das beste Essen für Kleinkinder, hrsg. v. der Bundesanstalt für Landwirtschaft und Ernährung (BLE), 5. Auflage, Bonn, 2018

Rösch, Ruth; Fellmeth, Sigrid; Radke, Monika: Essen lernen in Kita und Tagespflege-Ernährungsbildung für Kleinkinder, hrsg. v. aid Infodienst Ernährung, Landwirtschaft, Verbraucherschutz e.V. (2016 aufgegangen im BZfE), Bonn, 2012

Sarah Wiener Stiftung (Hrsg.): Merkblatt Gute Hygienepraxis beim pädagogischen Kochen mit Kindern, 1. Auflage, Berlin, 2019

Weiterführende Links:

www.macht-dampf.de:

„Macht Dampf! Kampagne des Bundesgesundheitsministeriums

www.nqz.de:

Nationales Qualitätszentrum für Ernährung in Kita und Schule
Hier finden Sie die Vernetzungsstellen-Kitaverpflegung unter:
https://www.nqz.de/vernetzungsstellen/vernetzungsstellen-kitaverpflegung/

www.fitkid-aktion.de:

„FIT KID – Die Gesund-Essen-Aktion für Kitas“ für die Verpflegung in Kindertageseinrichtungen

www.in-form.de:

IN FORM – Deutschlands Initiative für gesunde Ernährung und mehr Bewegung

www.dge.de:

Portal der Deutschen Gesellschaft für Ernährung (DGE)

www.bzfe.de:

Portal des Bundeszentrums für Ernährung (BZfE) in der Bundesanstalt für Landwirtschaft und Ernährung (BLE)

www.verbraucherzentrale.de/wissen/lebensmittel

Portal des Bundesverbandes Verbraucherzentralen

www.kern.bayern.de

Portal des Kompetenzzentrums für Ernährung, Bayern

Alamy Stock Photo, Abingdon/Oxfordshire: Borovyk, Vitalii 42.2; franconiaphoto 111.1; Monkey Business 2 69.1; studio v-zwoelf 47.1; tepanek, Petr 94.2; Troian, Oleksandra 62.1.

Fabiola Quadflieg, Köln: 9.1, 15.1, 25.1, 30.1, 32.1, 35.1, 37.1, 48.1, 56.1, 66.1, 71.1, 75.1, 80.1, 81.1, 86.1, 92.1, 93.1, 94.1, 95.1, 96.1, 101.1, 103.1, 105.1, 109.2, 110.3, 112.1, 122.1.

Fischer, Andreas, Köln: Titel, Titel, Titel, Titel, Titel, Titel.

HABA Sales GmbH & Co. KG, Bad Rodach: 136.1.

iStockphoto.com, Calgary: aga7ta 123.1; alvarez 56.2; AnnaPustynnikova 70.1; ArtemisiaDemon 45.1; Arx0nt 25.2, 43.4, 122.2; asiandelight 52.1; carlosgaw 22.1; Chung, Marcus 27.1; clubfoto 77.1; darrya 28.1; DianePeacock 30.2; djgunner 22.2; DjordjeDjurdjevic 110.1; Edith64 35.2; Farknot_Architect 22.4; FatCamera 115.1, 120.1; fcafotodigital 13.1, 21.5; fermate 23.1; franz12 125.1; FuatKose 43.3; galitskaya 24.1; gbh007 63.1; hackisan 39.1; Hadley, Vicky 106.1; HaraldBiebel 70.2; Image Source 43.5; Imgorthand 22.5; instamatics 43.1; intek1 74.1; Jaromila 43.2; Juanmonino 34.1; kajakiki 32.2; kate_sept2004 48.2, 56.2, 66.2, 81.2; KateSmirnova 21.1; Khosrork 21.2; kmk-vova 38.1; koosen 126.1; Krasula, Milan 21.4; KVLADIMIRV 42.1; LauriPatterson 92.3; Lifestyle 71.2; lisegagne 66.2; Lora-Sutyagina 21.3; lostinbids 112.2; lutavia 25.3; Magone 64.5; MarianVejcik 81.2; MihailUlianikov 33.1; Morsa Images 9.2; Multiart 22.3; nerudol 101.2; OksanaKiian 63.2; OlgaVolodina 11.1; Prostock-Studio 76.1; Pupko, Oleksandr 46.1; RamilF 34.2; Sasiistock 129.1; Saweddit, Nataya 15.2, 36.1; shaun 30.3; smirart 125.2; SolStock 135.1; stockcam 38.2; svetikd 96.2; Tanya_F 71.3; TeresaKasprzycka 105.2; Tomic, Stefan 64.2; tylim 126.2; Wacharaphong 26.1; Xsandra 37.2.

Krüger-Stolp, Katja, Zittau: 8.1, 100.1, 109.1.

OKS Group, Delhi: 131.1.

Shutterstock.com, New York: pfluegler-photo 55.1; sumire8 Titel; yoshi-5 121.1.

stock.adobe.com, Dublin: A_Bruno 51.1; cook_inspire 64.4; euthymia 127.1; fototheobald 86.2; fox17 64.3; Greiner Adam, Anja 95.3; HK Fotografie 92.2; magele-picture 64.1; New Africa 110.4; Orosz György 109.3; Parschat, Susanne 75.2; Prykhodov, Denys 125.3; seramoje 95.2; spass Titel; tomertu 110.2; Vincek, Daniel 93.2; WavebreakmediaMicro 89.1; womue 124.1; Yulia 76.2.

StockFood, München: Gräfe & Unzer Verlag / Rynio, Jörn 75.3.

Visuelle Lebensfreude - Bodem + Sötebier GbR, Hannover: Titel.

YPS - York Publishing Solutions Pvt. Ltd.: 17.2, 17.3, 17.4, 18.1, 18.2, 19.1, 19.2, 19.3, 19.4, 19.5, 60.1, 79.1, 83.1, 90.1.

© Bundesanstalt für Landwirtschaft und Ernährung (BLE), Bonn: 17.1, 61.1.